铁路职业教育铁道机车运用与维护专业新形态一体化系列教材

电力机车总体

杜立江　主编
武建伟　主审

中国铁道出版社有限公司
2023年·北 京

内 容 简 介

本书为铁路职业教育铁道机车运用与维护专业新形态一体化系列教材，采用新型活页式教材的编写方式，以工作任务为载体，以学习者为中心，以工作过程为导向系统化构建课程项目。全书共分为三个项目，分别为机车车体外部设备检查、机车车体内部设备检查、机车转向架检查。本书强调基本知识和基本技能的掌握，更注重实践技能的培养。

本书可作为铁路职业院校铁道机车运用与维护专业、电力机车运用与检修专业学生的教学用书，也可以作为铁路相关企业技术人员的培训用书。

图书在版编目(CIP)数据

电力机车总体/杜立江主编．—北京：中国铁道出版社有限公司，2023.2

铁路职业教育铁道机车运用与维护专业新形态一体化系列教材

ISBN 978-7-113-29010-8

Ⅰ.①电… Ⅱ.①杜… Ⅲ.①电力机车-职业教育-教材 Ⅳ.①U264

中国版本图书馆 CIP 数据核字(2022)第 051393 号

书　　名：电力机车总体
作　　者：杜立江

策　　划：阚济存
责任编辑：阚济存　亢丽君　　**编辑部电话：**(010)51873205　　**电子邮箱：**67204751@qq.com
封面设计：崔丽芳
责任校对：安海燕
责任印制：高春晓

出版发行：中国铁道出版社有限公司(100054，北京市西城区右安门西街 8 号)
网　　址：http://www.tdpress.com
印　　刷：番茄云印刷(沧州)有限公司
版　　次：2023 年 2 月第 1 版　2023 年 2 月第 1 次印刷
开　　本：787 mm×1 092 mm 1/16　**印张：**13.25　**字数：**317 千
书　　号：ISBN 978-7-113-29010-8
定　　价：56.00 元

前言

本书是北京市职业院校特色高水平实训基地建设——中铁天佑工程师学院建设项目成果之一。在内容形式上采用新型活页式教材的编写方式，符合教、学、做一体化的教学理念。

“电力机车总体”课程是铁路职业教育铁道机车运用与维护、电力机车运用与检修专业的一门专业核心课程。本书的编写本着够用的原则，突出教材的实用性，注重培养学习者的能力，主要以 HXD_{3C} 型电力机车为例，以机车日常检查为载体，通过三个项目对电力机车总体进行介绍。

项目一主要讲述机车车体外部设备检查（包括车体结构，车端设备、车侧设备、车顶设备检查和车钩缓冲装置作用、结构、工作原理及检查）。

项目二主要讲述机车车体内部设备检查（包括司机室内部设备布置、作用及检查，机械间设备布置、作用及检查，通风冷却系统作用、组成、通风支路及检查）。

项目三主要讲述机车转向架检查（包括构架、轮对、轴箱、弹性悬挂装置、驱动装置、牵引电机悬挂装置、基础制动装置、撒砂装置、轮缘润滑装置等的作用、结构、组成、工作原理及日常检查）。

本书以职业院校教学为主，贴近现场岗位需求的实际，教材编写内容尽可能反映电力机车的新技术、新特点、新工艺，突出教材实用性，适当降低教学内容的深度和难度，做到深入浅出、图文并茂、通俗易懂。本书既可作为铁路职业院校铁道机车运用与维护、电力机车运用与检修专业的教材，也可作为企业员工短期培训教材。

本书由北京铁路电气化学校杜立江任主编，中国铁路北京局集团有限公司武建伟任主审。具体编写分工如下:北京铁路电气化学校张秀洁编写项目一和项目二任务一;北京铁路电气化学校毕秀娟编写项目二任务二、任务三,项目三任务一、任务二、任务三;杜立江编写绪论,项目三任务四、任务五、任务六、任务七;中国铁路北京局集团有限公司北京机务段林虎编写项目三任务八、任务九、任务十、任务十一和任务十二。

在本书编写过程中,得到中国铁路北京局集团有限公司北京机务段的大力支持,在此深表谢意。此外,我们还参考了许多专家学者有关机车车辆方面的书籍、文献、论文等资料,并借鉴了相关企业的技术数据和图片,我们已尽可能地在参考文献中详细列出,谨在此对他们表示衷心的感谢。

由于 HXD_{3C} 型电力机车的技术升级改造等因素,书中内容可能与实际现车稍有差别,请以实际现车为准。

由于编者水平有限,难免有疏漏之处,敬请广大读者和同行批评指正。

编　者
2022 年 11 月

目 录

绪论

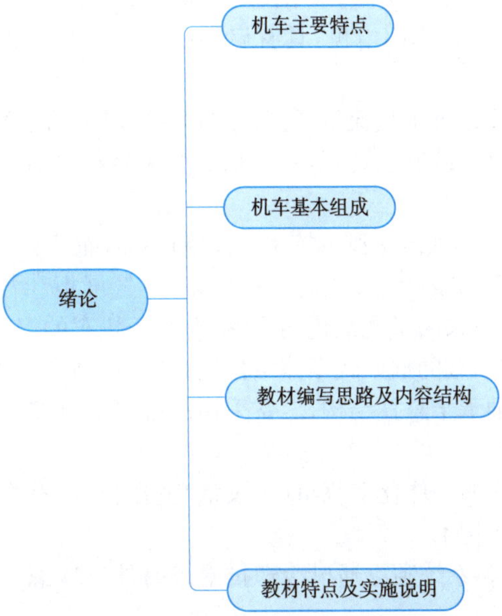

HXD3C 型电力机车是交流传动六轴 7 200 kW 干线客货通用电力机车。HXD3C 型电力机车的外形如图 0-1 所示。

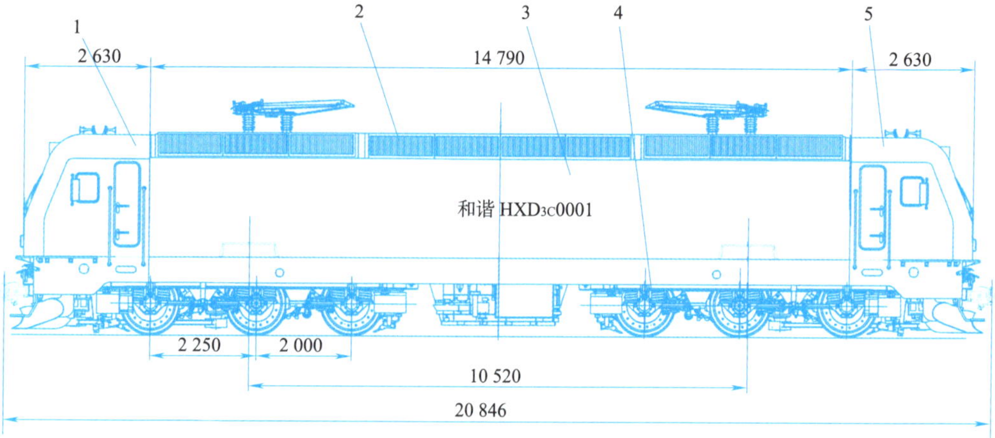

图 0-1　HXD3C 型电力机车外形图(单位:mm)

1—Ⅰ端司机室;2—顶盖上装置;3—机械间;4—底板下装置;5—Ⅱ端司机室

一、HXD3C 型电力机车主要特点

HXD3C 型电力机车轴式为 C_0-C_0,电传动系统为交—直—交传动,采用 IGBT 水冷变流机组,1 250 kW大转矩异步牵引电机,具有启动(持续)牵引力大、恒功率速度范围宽、黏着性能好、功率因数高等特点。

辅助电气系统采用 2 组辅助变流器,能分别提供 VVVF 和 CVCF 三相辅助电源,对辅助机组进行分类供电。该系统冗余性强,一组辅助变流器故障后可以由另一组辅助变流器对全部辅助机组供电。

采用微机网络控制系统,实现了逻辑控制、自诊断功能,而且实现了机车的网络重联功能。

总体设计采用高度集成化、模块化的设计思路,电气屏柜和各种辅助机组分功能斜对称布置在中间走廊的两侧;采用了规范化司机室,有利于机车的安全运行。

采用带有中梁、整体承载的框架式车体结构,有利于提高车体的强度和刚度。

转向架采用滚动抱轴承半悬挂结构,二系采用高圆螺旋弹簧;采用整体轴箱、推挽式低位牵引杆等技术。

采用下悬式安装方式的一体化多绕组(全去耦)变压器,具有高阻抗、重量轻等特点,并采用强迫导向油循环风冷技术。

采用顶盖夹层进风,各系统独立通风冷却技术。另外还考虑了司机室的换气和机械间的微正压。

采用集成化气路的空气制动系统,具有空电制动功能。机械制动采用轮盘制动。

采用新型的空气干燥器,有利于压缩空气的干燥,减少制动系统阀件的故障率。

二、HXD3C 型电力机车基本组成

按照传统说法,HXD3C 型电力机车总体由机械部分、电气部分和空气管路系统三大部分组成。确切地说 HXD3C 型电力机车除了前面说到的三大部分,还应该包括微机网络控制系统、6A 系统等。

三、教材编写思路及内容结构

通过对本书的学习，学生可以掌握 HXD3C 型电力机车总体结构组成，熟悉电气、机械设备的作用、名称、编号和在机车上的布置位置，进而能够通过目视、耳听、鼻嗅、手触等方法，对机车进行入门检查和初级检查，掌握机车检查流程，为后续从事电力机车乘务员工作奠定基础。

本书的编写，借鉴现场实际机车检查流程，结合学生的特点，依据行动过程导向课程设计理念，以机车检查为载体安排教学任务，展开教学和学习。

HXD3C 型电力机车全面检查的检查顺序如图 0-2 所示。

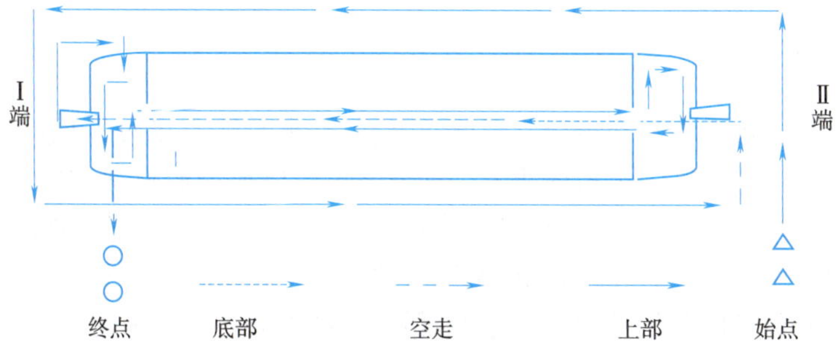

图 0-2　机车检查顺序示意图

机车检查路线：

自机车Ⅱ端→走行部右侧→机车Ⅰ端→走行部左侧→机车Ⅱ端下地沟→机车底部→Ⅰ端出地沟→右侧上车→Ⅰ端司机室→中间走廊机械间右侧→Ⅱ端司机室→中间走廊机械间左侧→Ⅰ端司机室左侧门下机车。

综合考虑机车结构、检查路线、教材特点以及学生认知规律几方面因素，本教材分为三个基本项目，每个项目又分若干任务。

本书项目、任务汇总见表 0-1。

表 0-1　项目、任务教学安排建议表(建议总学时为 52 学时)

绪论(2 学时)	HXD3C 型电力机车特点、基本组成和项目概述	2 学时
项目一　机车车体外部设备检查(10 学时)	任务一　机车车体日常检查	2 学时
	任务二　机车端部设备日常检查	2 学时
	任务三　机车车侧及车顶设备日常检查	2 学时
	任务四　车钩缓冲装置日常检查	4 学时
项目二　机车车体内部设备检查(10 学时)	任务一　司机室内部设备日常检查	2 学时
	任务二　机械间设备日常检查	4 学时
	任务三　通风系统日常检查	4 学时
项目三　机车转向架检查(30 学时)	任务一　认识转向架	2 学时
	任务二　构架日常检查	2 学时
	任务三　轮对日常检查	4 学时
	任务四　轴箱装置日常检查	4 学时

项目三　机车转向架检查(30学时)	任务五　弹性悬挂装置日常检查	4学时
	任务六　驱动装置日常检查	2学时
	任务七　牵引电机悬挂装置日常检查	2学时
	任务八　牵引装置日常检查	2学时
	任务九　基础制动装置日常检查	2学时
	任务十　撒砂装置日常检查	2学时
	任务十一　轮缘润滑装置日常检查	2学时
	任务十二　扫石器和轴温报警装置日常检查	2学时

四、教材特点及实施说明

本书每个项目、每个任务根据需要掌握的内容、要求及能力进行考核，既适合中高职学生分层学习，也适合零基础学员培训使用。本书突出了以典型职业活动为学习任务的活页式、模块化特点，每个项目和任务相互之间关联性不大，可以独立实施，便于平行班级教学，教学过程中，为避免实训设备使用冲突，可根据时间、实训场地灵活选取、安排学习项目和任务；后续根据需要可以灵活进行补充完善，彰显活页式教材特点和优势。

项目一
机车车体外部设备检查

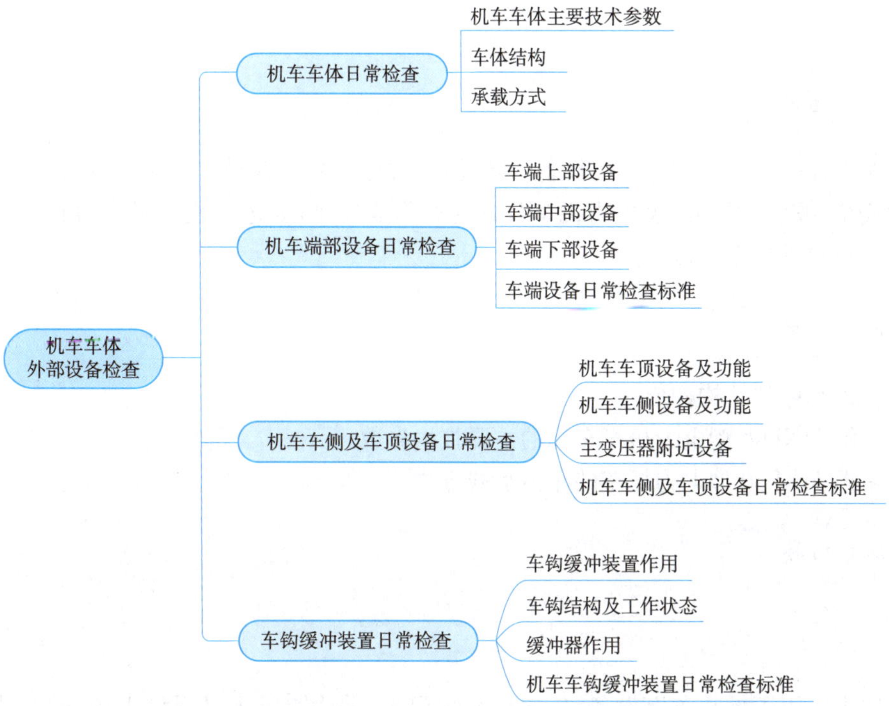

项目描述

HXD_{3C} 型电力机车是“和谐型”交流传动电力机车系列中，适用于客运的车型。首台 HXD_{3C} 型电力机车在2010年7月初出厂。

车体既是机车大部分设备的载体，又是机车动力的传递载体，除走行部件外，其他机械、电气设备以及附属装备都安装在车体上，同时在机车运行过程中，车体要传递牵引力和制动力给车钩，承受垂直载荷，还要承受水平方向的冲击载荷和侧向力的作用。

车体通常由底架、司机室、侧墙、顶盖、排障器、钩缓装置以及前窗玻璃、侧窗、机车门等附属部件组成。

学习目标

1. 掌握车体的基本结构。
2. 掌握机车端部、车顶、车侧各设备。
3. 掌握钩缓装置的结构和工作原理。
4. 能够按照检查标准和要求对 HXD_{3C} 型电力机车外部设备进行日常检查。

任务一　机车车体日常检查

任务描述

机车车体是承载和安装车上设备的基础，同时也为乘务人员提供工作场所。为保证车体牢固安全，按照 HXD_{3C} 型电力机车日常检查作业要求，要进行机车日常检查，本任务日常检查的对象是机车车体。

任务目标

1. 认识车体的结构构成。
2. 了解 HXD_{3C} 型电力机车车体的主要技术参数。
3. 掌握 HXD_{3C} 型电力机车的车体承载方式。

任务信息

一、车体概述

车体主要用于承载车上设备，传递机车牵引力，并为乘务人员提供工作场所。因此车体结构的设计，一方面要满足机车总体布置的要求，并为乘务人员提供良好的工作环境；更重要的是要求车体钢结构具有足够的强度和刚度，确保机车行车安全可靠。

HXD_{3C} 型电力机车两端各设有一个司机室，司机可在任何一端司机室对机车进行控制；车内设备布置以两侧屏柜化、平面斜对称布置，并设宽620 mm的中央通道。

HXD3C 型电力机车车体外形如图 1-1 所示。

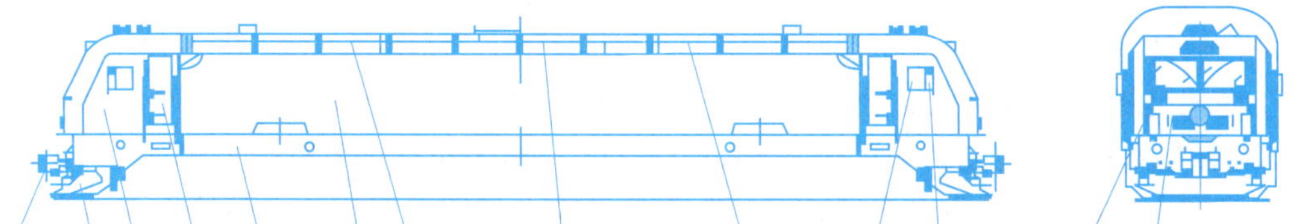

图 1-1　HXD3C 型电力机车车体

1—车钩；2—排障器；3—司机室；4—车门；5—底架；6—侧墙；7—Ⅰ端顶盖；8—中央顶盖；9—Ⅱ端顶盖；10—侧提窗；11—后视镜；12—刮雨器；13—前罩板

HXD3C 型电力机车主要技术参数如下：

轨距……………………………………1 435 mm

轴式……………………………………C_0-C_0

机车总重………………………………138 t(23 t 轴重)

……………………………………150 t(25 t 轴重)

轴重……………………………………(23+2) t

机车前、后车钩中心距………………… 20 846 mm

车体底架长度…………………………19 630 mm

车体宽度………………………………3 100 mm

车体高度………………………………4 100 mm(新轮)

机车全轴距……………………………14 700 mm

转向架固定轴距………………………(2 250+2 000) mm

车轮直径………………………………1 250 mm(新轮)

……………………………………1 200 mm(半磨耗)

……………………………………1 150 mm(全磨耗)

受电弓落下时，滑板顶面距轨面高度… ≤4 770 mm

受电弓滑板距轨面的工作范围…………5 200～6 500 mm

车钩中心线距轨面高度(新轮)…………(880±10) mm

排障器距轨面高度………………………110 mm

二、车体结构

HXD3C 型电力机车车体由两端司机室、底架、侧墙、顶盖构成。

1. 司机室

HXD3C 型电力机车Ⅰ、Ⅱ端司机室钢结构完全相同，司机室侧墙与顶棚和前脸交汇处采用大倒角形式。司机室顶棚前部有头灯安装箱；司机室前脸为内凹式，空调安装在内凹腔的空调墙上，凹腔外侧安装有前罩板。

HXD3C 型电力机车司机室技术参数如下：

司机室总长……………………………2 630 mm

司机室高……………………………………2 500 mm

司机室宽……………………………………3 100 mm

2. 底架

底架是机车车体的主要承载部件，它不仅承受垂向载荷，而且还传递机车的纵向牵引力、制动力及承受各种复杂的运动力，因此 HXD3C 型电力机车对底架强度及刚度的要求较高。底架主要是由前后端牵引梁、旁承梁、变压器梁及边梁等组成一个整体框架式承载结构，如图 1-2 所示。车钩及缓冲装置安装在车体底架两端牵引梁的车钩箱内。

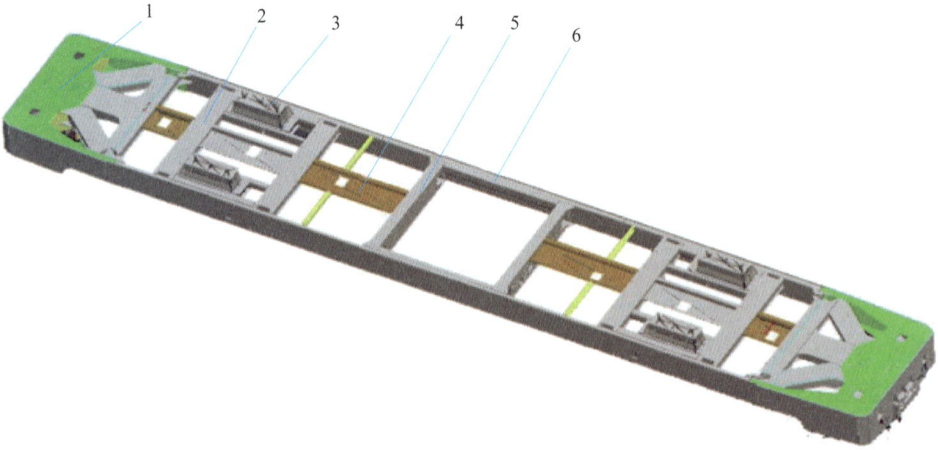

图 1-2　HXD3C 型电力机车底架结构

1—端部牵引梁；2—旁承梁；3—旁承座；4—中梁；5—变压器梁；6—边梁

HXD3C 型电力机车底架技术参数如下：

底架长度……………………………………19 630 mm

底架宽度……………………………………3 100 mm

两旁承座中心距…………………………10 520 mm

底架上平面距轨面高度…………………1 600 mm

车钩安装中心线距轨面高………………880 mm

底架总重……………………………………21 595 kg

3. 侧墙

侧墙左右相同，结构设计上采用网格结构。侧墙骨架由纵横交错的方管组成。侧墙两端与Ⅰ、Ⅱ端司机室骨架连接，下方与底架边梁对接。

4. 顶盖

在车体上部设置了两根活动横梁，横跨在两侧墙之上，将车顶分成三部分，分别形成顶盖 1、顶盖 2 和顶盖 3。在顶盖 1 和顶盖 3 上有受电弓安装座、避雷器安装座等。在顶盖 2 上设有活动天窗，通过车内人孔梯上车顶对顶盖设备进行检修维护。顶盖结构为夹层形式，中间夹层同左右侧面进风口形成通风道，进风口处配有百叶窗。顶盖上表面涂有防滑层。

三、承载方式

车体的承载方式有底架承载、底架侧墙共同承载和整体承载三种。

1. 底架承载结构

全部载荷由底架来承担的车体结构称为底架承载结构。

2. 底架和侧墙共同承载结构

由侧墙、端墙与底架共同承担载荷的车体结构称为底架和侧墙共同承载结构。其侧墙、端墙与底架等通过固接形成一个整体，具有较高的强度、刚度。

侧墙骨架有框架式和桁架式两种结构形式，如图 1-3 所示。

桁架式侧墙骨架有斜拉杆，强度、刚度都高于框架式侧墙骨架，但桁架式不便开设门窗，故多用于货车车体。机车车体或客车车厢骨架多采用框架式侧墙结构。

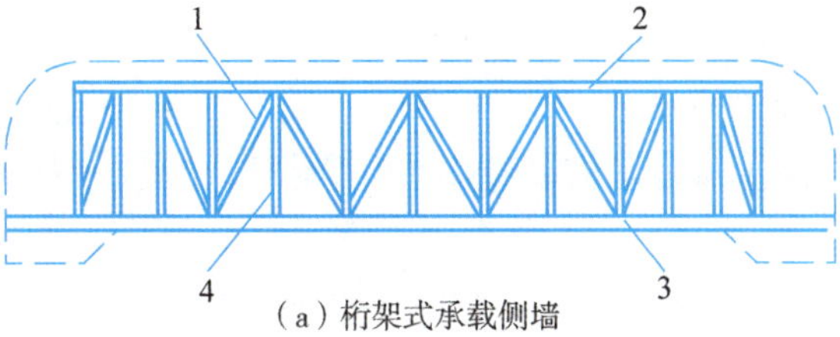

（a）桁架式承载侧墙

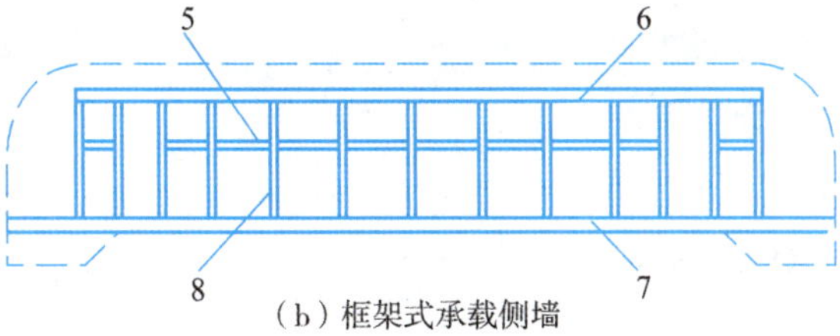

（b）框架式承载侧墙

图 1-3　侧墙结构示意图

1—斜拉杆；2—上弦杆；3—下弦杆；4—立柱；
5—中间杆；6—上弦杆；7—下弦杆；8—立柱

3. 整体承载结构

HXD3C 型电力机车车体是将底架、侧墙、车顶连接成一个整体，成为闭口箱形结构，此时，车体各部分结构均参与承受载荷，因而称这种结构为整体承载结构。

HXD3C 型电力机车采用的是整体承载式框架式车体结构。

知识引导

机车车体日常检查知识学习引导

日期		班级	
姓名		学号	

(1)车体的作用:机车车体是____________工作场所;机车车体安装各种电气设备;传递各种力,例如垂向力、______和______。

(2)题图 1-1 为 HXD_{3C} 型电力机车总体简图。

①请在题图 1-1 中方框中填写相应部位的尺寸。

②请在题图 1-1 中标注车体构成。

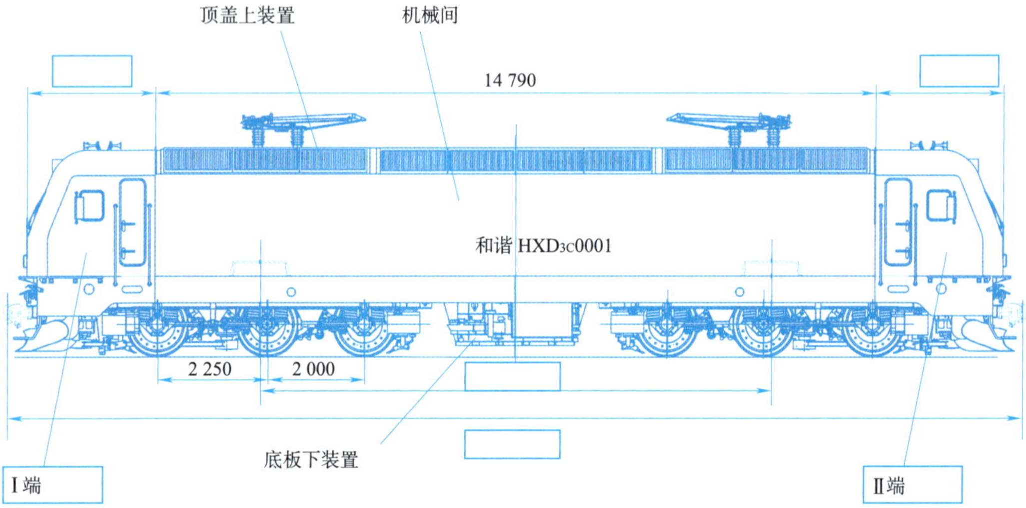

题图 1-1

(3)题图 1-2 为 HXD_{3C} 型电力机车底架简图,请完成标注。

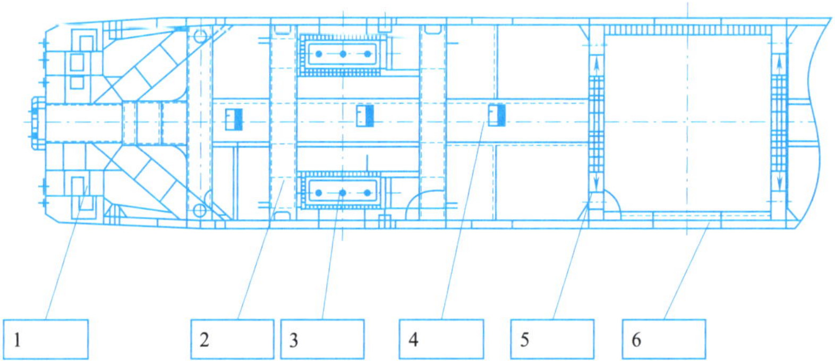

题图 1-2

(4)底架________梁位于底架两端,________安装在底架的车钩箱内,起到传递牵引力、制动力和承受列车冲击力的作用。

任务实施

一、安全防护准备

防护工具	检查内容
安全帽	有□,无□
手套	有□,无□
渡板检查	已检查,完好□

二、工具准备

工具明细表			
序号	名称	数量	是否完好
1	手电筒		
2	棉丝		
3	检查锤/小撬棍		

三、小组分工

序号	成员姓名	职责
1		检查
2		记录
3		班组长:安全监督,录像

四、检查记录单

机车车体日常检查记录单

<table>
<tr><td>班级：</td><td></td><td>姓名：</td><td>学号：</td><td>同组人：</td></tr>
<tr><td colspan="2">机车号</td><td colspan="3"></td></tr>
<tr><td colspan="2">检查对象</td><td colspan="3"></td></tr>
<tr><td>检查对象/
编号</td><td>检查内容/
检查方法</td><td>检查内容</td><td colspan="2">状态记录</td></tr>
<tr><td rowspan="9">车体/
(　　　)</td><td>侧墙/
(　　　)</td><td>侧墙有无掉漆，外观有无变形</td><td colspan="2">□ 侧墙外观平整，无掉漆
□ 侧墙外观有掉漆、变形</td></tr>
<tr><td rowspan="5">底架/
(　　　)</td><td>牵引梁有无裂纹，焊点有无开焊</td><td colspan="2">□ 牵引梁无裂纹，焊点无开焊
□ 牵引梁有裂纹
□ 牵引梁焊点开焊</td></tr>
<tr><td>旁承梁有无裂纹，焊点有无开焊</td><td colspan="2">□ 旁承梁无裂纹，焊点无开焊
□ 旁承梁有裂纹
□ 旁承梁焊点开焊</td></tr>
<tr><td>变压器梁有无裂纹，焊点有无开焊</td><td colspan="2">□ 变压器梁无裂纹，焊点无开焊
□ 变压器梁有裂纹
□ 变压器梁焊点开焊</td></tr>
<tr><td>边梁有无裂纹，焊点有无开焊</td><td colspan="2">□ 边梁无裂纹，焊点无开焊
□ 边梁有裂纹
□ 边梁焊点开焊</td></tr>
<tr><td>中梁有无裂纹，焊点有无开焊</td><td colspan="2">□ 中梁无裂纹，焊点无开焊
□ 中梁有裂纹
□ 中梁焊点开焊</td></tr>
<tr><td rowspan="2">车顶/
(　　　)</td><td>百叶窗安装是否牢固，外观有无变形，无严重锈蚀</td><td colspan="2">□ 百叶窗安装牢固，外观无变形，无严重锈蚀
□ 百叶窗安装松动
□ 百叶窗外观变形
□ 百叶窗锈蚀</td></tr>
<tr><td>车顶门安装是否牢固，有无严重锈蚀，确认密封状态</td><td colspan="2">□ 车顶门安装牢固，无锈蚀，密封状态良好
□ 车顶门安装松动
□ 车顶门有锈蚀
□ 车顶门密封不良</td></tr>
<tr><td colspan="5">故障记录：</td></tr>
<tr><td colspan="4">检查时间：　年　月　日　时　分</td><td>检查人签字：</td></tr>
<tr><td colspan="3">记录人签字：</td><td colspan="2">班组长签字：</td></tr>
<tr><td>填表要求</td><td colspan="4">(1)检查对象编号按老师分配的具体任务编号填写，不能照抄照搬。
(2)检查内容的检查方法在对应(　　)中注明目视或手检。
(3)状态纪录按检查实际情况，在□内打“√”。
(4)故障记录栏填写发现的问题，填写规范、问题描述清晰，字迹书写清晰。
(5)签字项需填写全名，不得代签、涂改。</td></tr>
</table>

五、监督与考核

机车车体日常检查监督考核表

班级：		姓名：	学号：	同组人：
记录人：				
序号	安全监督内容	记录	分值与考核	得分
1	劳动保护及安全文明	□ 执行安全操作规程，佩戴安全帽、手套 □ 爱护设备及工具 □ 着装整洁；保持工作环境清洁	共 15 分 每缺少一项安全防护扣 5 分	
2	操作前将所需工具准备齐全	□ 工具齐全 □ 缺少工具(　　　) □ 错选工具	共 10 分 每少一件工具扣 3 分 规格选错每件扣 3 分	
3	能按照检查标准要求规范进行检查	□ 能准确找到车体各部件布置位置(10 分) □ 按检查标准和要求对车体侧墙进行检查(5 分) □ 按检查标准和要求对底架进行检查(5 分) □ 检查标准和要求对车顶进行检查(5 分)	共 25 分 检查位置不正确、检查不标准不得分	
总　计				

任务评价

机车车体日常检查评价表

班级：	姓名：	学号：	同组人：
评价项目	评价内容	得分	评价主体
理论知识准备	(1)能说出机车车体的组成、底架各梁作用(10 分)		□ 师评 □ 自评 □ 互评
	(2)能分析 HXD3C 型电力机车主要尺寸参数(10 分)		
实操检查过程	(1)检查表填写完整、清晰、工整(5 分)		□ 师评 □ 自评 □ 互评
	(2)检查过程有序(5 分)		
	(3)能够安全规范进行检查(50 分)		□ 师评 □ 自评 □ 互评
课堂表现	(1)知识引导部分填写完整(10 分)		□ 师评 □ 自评 □ 互评
	(2)小组贡献度(10 分)		
总　分			

巩固练习

填空题

1. 车体主要用于承载________,传递机车________,并为乘务人员提供工作场所。因此车体结构的设计,一方面要满足机车________的要求,并为________提供良好的工作环境,重要的是要求车体钢结构具有足够的________和________,确保机车行车安全可靠。

2. HXD3C 型电力机车总体设计采用高度集成化、模块化的设计思路,电气屏柜和各种辅助机组分功能________布置在中间走廊的两侧,中间走廊宽________ mm。

3. HXD3C 型电力机车采用带有中梁的、________(承载方式)的框架式车体结构,有利于提高车体的强度和刚度。

4. 底架是机车车体的主要承载部件,主要由前后端________、________、________及边梁等组成的一个整体框架式承载结构。

5. HXD3C 型电力机车两旁承座中心距为________ mm。

6. HXD3C 型电力机车车顶设置____个顶盖,在______________上有受电弓安装座、避雷器安装座等。在________上设有活动天窗。

7. HXD3C 型电力机车司机室前后总长________ mm。

任务二　机车端部设备日常检查

任务描述

机车端部即机车的端面,可谓是整个机车的"脸面",在运行过程中若出现部件缺失损坏,不仅影响美观,更有可能危及行车安全。为保证机车端面部件完整和状态正常,保证行车安全,按照 HXD3C 型电力机车日常检查作业要求,需要进行 HXD3C 机车日常检查,本任务日常检查的对象是机车端部。

任务目标

1. 能够识别 HXD3C 型电力机车端面的各个部件。
2. 能够分析重联插座、供电插座、集控插座、排障器、扫石器的作用。
3. 能够按照检查标准和要求对 HXD3C 型电力机车端部设备进行日常检查。
4. 培养良好的职业习惯和团队协作精神。
5. 树立职业意识,培养安全意识、责任意识。

任务信息

一、车端整体介绍

HXD3C 型电力机车为两端司机室,机车两端的端面布置完全一致。

HXD3C 型电力机车前端面设备布置如图 1-4 所示。

图 1-4　HXD3C 型电力机车前端面

1—头灯；2—刮雨器；3—路徽；4—辅照灯；5—标志灯；6—走台板；7、8—插座；9、10—风管；11、12—脚踏；13—排障器

二、车端上部介绍

HXD3C 型电力机车端面上部主要包括有头灯、辅照灯、标志灯、刮雨器、路徽等。辅照灯是安装在机车端部，协助照明灯用于近处照明的灯具。标志灯位于机车端部，是用红色或白色显示列车运行路线或方向的灯具。当机车运行时，运行方向前端面上的辅照灯（白色）亮起，同时后端面上的标志灯（红色）亮起。

三、车端中部介绍

HXD3C 型电力机车端面中部主要为各插座、风管等部件，如图 1-5 和图 1-6 所示。

图 1-5　插座部位详图

1—重联插座；2—列车供电插座；3—集控插座

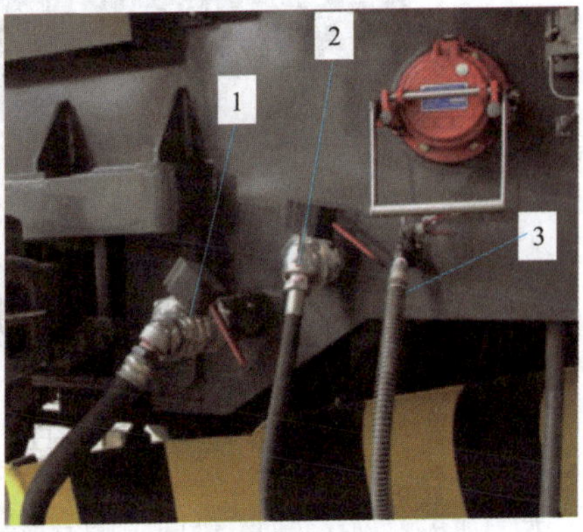

图 1-6　风管部位详图

1—列车管；2—总风管；3—平均管

各插座及风管的作用见表 1-1。

表 1-1　各插座、风管作用介绍

序号	名称	作用	单端数量
1	重联插座	各台机车通过机车两端的重联插座使其电气线路连接起来	2
2	列车供电插座	机车向客车供电用的插座	2
3	集控插座		1
4	列车管	为车辆提供风源及控制压力	1
5	总风管	为重联机车及客车车辆提供压力空气，也是重联机车制动系统断钩保护监测压力	2
6	平均管	为重联机车提供制动缸控制压力	2

随着铁路运输的不断发展，在铁路干线电力牵引运行中，一台机车牵引有时往往满足不了运输的要求，就需要多机牵引。在干线上使用多机牵引时，可以由几名司机各操纵一台机车相互配合，也可以将各台机车通过机车两端的多芯电缆插头（即重联插座）将电气线路连接起来，由一名司机在一台机车上操纵，实现一名司机操纵多台机车。我们称后一种运行方式为机车的重联运行。司机操纵的那台机车称为本务机车，非操纵机车称为重联机车。

四、车端下部介绍

HXD3C 型电力机车端面下部主要包括排障器、脚踏等。图 1-7 为 HXD3C 型电力机车端面下部示意图。

图 1-7　HXD3C 型电力机车端面下部示意图

排障器的作用是排除轨面上的异物，以防止车轮压上异物发生脱轨事故。排障器要求其距轨面高度为 110～120 mm。

五、机车端部日常检查作业指导书

HXD3C 型电力机车端部日常检查作业指导书

序号	检查项目	检查方法	图示说明	检查要求及标准
1	前照灯、辅照灯、标志灯、刮雨器检查	目视		（1）外观检查前端各灯罩。无裂纹，密封严密，螺钉齐全、无松动 （2）外观检查刮雨器。安装牢固，刷片完整，刷架无变形
2	走台板检查	目视		走台板安装牢固，防缓线清晰无错位
3	重联插座、列车供电插座、集控插座检查	目视	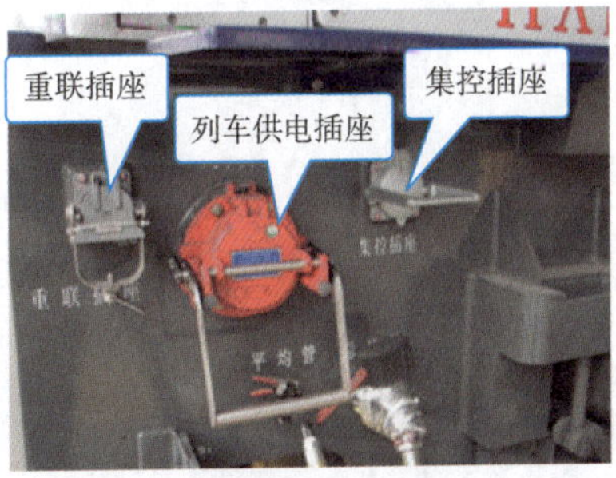	（1）外观检查列车供电插座。列车供电插座锁闭、密封严密，安装牢固。插接线牢固无松动。列车供电插座拉伸及关闭时导杆润滑，有油膜 （2）外观检查集控插座。集控插座锁闭、密封严密，安装牢固。插接线牢固无松动 （3）外观检查重联插座。重联插座锁闭、密封严密，安装牢固。插接线牢固无松动
4	折角塞门、列车管、总风管、平均管，防尘堵检查	目视	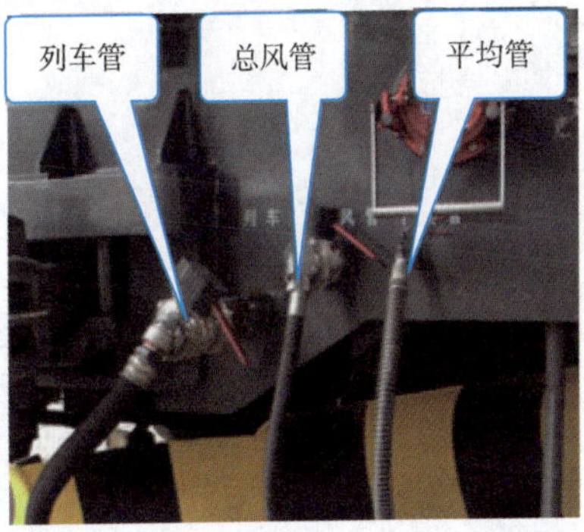	（1）外观检查折角塞门、各软管。折角塞门开关灵活，无卡滞、泄漏；软管无折损、老化、龟裂，各软管密封胶圈无变形、龟裂，软管试验日期不得超过 3 个月，接挂正常；列车管与机车中心线夹角为 45° （2）外观检查各软管挂板。挂板焊接牢固，无变形

续上表

序号	检查项目	检查方法	图示说明	检查要求及标准
5	排障器检查	目视	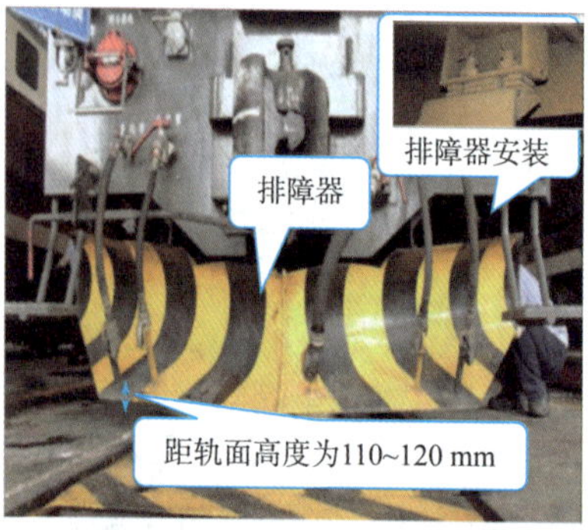	(1)外观检查排障器。安装牢固,无裂损、开焊、变形 (2)排障器高度符合规定,距轨面高度为 110～120 mm
6	脚踏板	目视	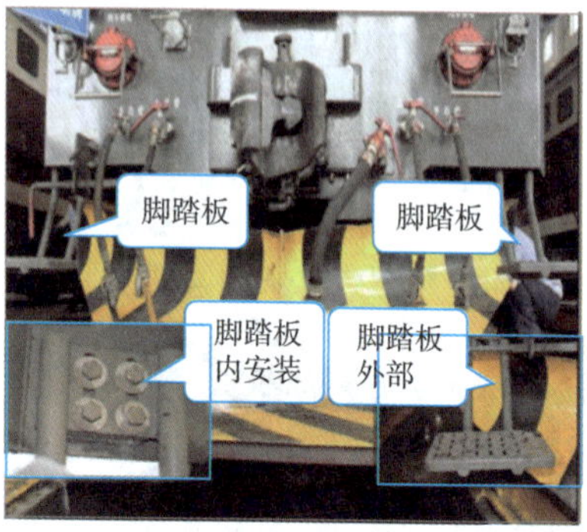	外观检查脚踏板。无变形、破损,焊接牢固

知识引导

机车端部设备日常检查知识学习引导

日期		班级	
姓名		学号	

(1)请填写题图 1-3 图注编号内容。

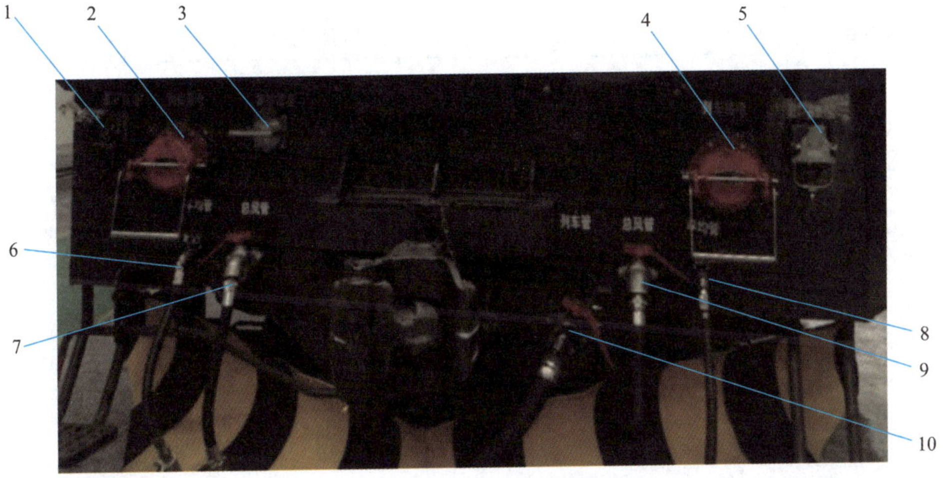

题图　1-3

1—________;2—________;3—________;4—________;5—________;6—________;

7—________;8—________;9—________;10—________

(2)排障器的作用是____________,排障器距轨面的高度为____________。

任务实施

一、安全防护准备

防护工具	检查内容
安全帽	有□,无□
手套	有□,无□
渡板检查	已检查,完好□

二、工具准备

工具明细表			
序号	名称	数量	是否完好
1	手电筒		
2	棉丝		
3	检查锤/小撬棍		

三、小组分工

序号	成员姓名	职责
1		检查
2		记录
3		班组长:安全监督,录像

四、检查记录单

机车端部设备日常检查记录单

班级：	姓名：	学号：	同组人：
机车号			
检查对象			
检查对象/编号	检查内容/检查方法	检查内容	状态记录
列车端部/(　　)	前照灯/(　　)	前照灯灯罩有无裂纹，密封是否严密	□ 密封严密 □ 无裂纹 □ 密封不严密，有裂纹
		前照灯灯罩螺钉是否齐全、无松动	□ 螺钉齐全 □ 螺钉缺失 □ 螺钉松动
	标志灯/(　　)	前照灯灯罩有无裂纹，密封是否严密	□ 密封严密 □ 无裂纹 □ 密封不严密，有裂纹
		前照灯灯罩螺钉是否齐全、无松动	□ 螺钉齐全 □ 螺钉缺失 □ 螺钉松动
	辅照灯/(　　)	前照灯灯罩有无裂纹，密封是否严密	□ 密封严密 □ 无裂纹 □ 密封不严密，有裂纹
		前照灯灯罩螺钉是否齐全、无松动	□ 螺钉齐全 □ 螺钉缺失 □ 螺钉松动
	刮雨器/(　　)	刮雨器安装是否牢固	□ 安装牢固 □ 安装松动
		刮雨器刷片是否完整	□ 刷片完整 □ 刷片缺失
	走台板/(　　)	走台板安装是否牢固	□ 安装牢固 □ 防缓线错位，安装松动
	重联插座/(　　)	重联插座锁闭、密封是否严密，安装是否牢固	□ 安装螺栓牢固 □ 安装螺栓松动 □ 锁闭、密封严密 □ 锁闭、密封不严密
		内部有无烧损，插接线是否牢固无松动	□ 内部无烧损 □ 内部烧损 □ 插接线牢固 □ 插接线有松动

续上表

<table>
<tr><th>检查对象/
编号</th><th>检查内容/
检查方法</th><th>检查内容</th><th>状态记录</th></tr>
<tr><td rowspan="10">列车端部/
(　　)</td><td rowspan="2">列车供电插座/
(　　)</td><td>列车供电插座锁闭、密封是否严密，安装是否牢固</td><td>□ 安装螺栓牢固
□ 安装螺栓松动
□ 锁闭、密封严密
□ 锁闭、密封不严密</td></tr>
<tr><td>内部有无烧损，插接线是否牢固无松动</td><td>□ 内部无烧损
□ 内部烧损
□ 插接线牢固
□ 插接线有松动</td></tr>
<tr><td rowspan="2">重联插座/
(　　)</td><td>重联插座锁闭、密封是否严密，安装是否牢固</td><td>□ 安装螺栓牢固
□ 安装螺栓松动
□ 锁闭、密封严密
□ 锁闭、密封不严密</td></tr>
<tr><td>内部有无烧损，插接线是否牢固无松动</td><td>□ 内部无烧损
□ 内部烧损
□ 插接线牢固
□ 插接线有松动</td></tr>
<tr><td rowspan="2">列车管、
总风管、
平均管/
(　　)</td><td>各软管安装有无松动</td><td>□ 安装螺栓牢固
□ 安装螺栓松动</td></tr>
<tr><td>检查软管有无折损、老化、龟裂</td><td>□ 软管外观良好
□ 软管有损伤</td></tr>
<tr><td rowspan="2">排障器/
(　　)</td><td>排障器安装是否牢固</td><td>□ 安装螺栓牢固
□ 安装螺栓松动</td></tr>
<tr><td>目视排障器高度是否规定</td><td>□ 高度符合规定
□ 高度不符合规定</td></tr>
<tr><td>脚踏板/
(　　)</td><td>脚踏板是否安装牢固</td><td>□ 安装螺栓牢固
□ 安装螺栓松动</td></tr>
<tr><td colspan="4">故障记录：</td></tr>
<tr><td colspan="3">检查时间：　年　月　日　时　分</td><td>检查人签字：</td></tr>
<tr><td colspan="2">记录人签字：</td><td colspan="2">班组长签字：</td></tr>
<tr><td>填表要求</td><td colspan="3">(1)检查对象编号按老师分配的具体任务编号填写，不能照抄照搬。
(2)检查内容的检查方法在对应(　　)中注明目视或手检。
(3)状态纪录按检查实际情况，在□内打“√”。
(4)故障记录栏填写发现的问题，填写规范、问题描述清晰，字迹书写清晰。
(5)签字项需填写全名，不得代签、涂改。</td></tr>
</table>

五、监督与考核

机车端部设备日常检查监督考核表

班级：		姓名：	学号：	同组人：
记录人：				
序号	安全监督内容	记录	分值与考核	得分
1	劳动保护及安全文明	□ 执行安全操作规程，佩戴安全帽、手套 □ 爱护设备及工具 □ 着装整洁；保持工作环境清洁	共 15 分 每缺少一项安全防护扣 5 分	
2	操作前将所需工具准备齐全	□ 工具齐全 □ 缺少工具(　　　) □ 错选工具	共 10 分 每少一件工具扣 3 分 规格选错每件扣 3 分	
3	能按照检查标准要求规范进行检查	□ 能准确找到前端面各部件布置位置(10 分) □ 按检查标准和要求对端面上部进行检查(5 分) □ 按检查标准和要求对端面中部进行检查(5 分) □ 检查标准和要求对端面下部进行检查(5 分)	共 25 分 检查位置不正确、检查不标准不得分	
总　计				

任务评价

机车端部设备日常检查评价表

班级：	姓名：	学号：	同组人：
评价项目	评价内容	得分	评价主体
理论知识准备	(1)能说出机车端部各部件名称(10 分)		□ 师评 □ 自评 □ 互评
	(2)能描述辅照灯、标志灯、排障器等的作用(10 分)		
实操检查过程	(1)检查表填写完整、清晰、工整(5 分)		□ 师评 □ 自评 □ 互评
	(2)检查过程有序(5 分)		
	(3)能够安全规范进行检查(50 分)		□ 师评 □ 自评 □ 互评
课堂表现	(1)知识引导部分填写完整(10 分)		□ 师评 □ 自评 □ 互评
	(2)小组贡献度(10 分)		
总　分			

巩固练习

一、填空题

1. HXD3C 型电力机车为________端司机室，机车两端的端面布置____________。

2. HXD3C 型电力机车辅照灯为________色，标志灯为________。

3. 各台机车重联时，可以通过机车两端的________使其电气线路连接起来。

4. 机车重联时，司机操纵的那台机车称为____________，非操纵机车称为____________。

5. 排障器距轨面的高度为________ mm。

6. 排障器安装在机车车体前端下部，它主要用于排除机车运行前方的________，对机车的安全运行起保护作用。

二、简答题

1. 简述排障器的作用。

2. 列举 HXD3C 型电力机车端面上的设备。

任务三　机车车侧及车顶设备日常检查

任务描述

HXD3C 型电力机车的车侧及车顶安装有多种设备，例如受电弓、入库插座、行灯插座等，这些设备的状态会影响列车运行、库内作业等，为保证机车运行、库内作业不受影响，按照 HXD3C 型电力机车日常检查作业要求进行 HXD3C 型电力机车日常检查，本任务日常检查的对象是机车侧面及机车顶部。

任务目标

1. 能够识别 HXD3C 型电力机车车侧及车顶各设备。
2. 能够分析入库插座、行灯插座、空气制动指示器、自动过分相器等的作用。
3. 能够按照检查标准和要求对 HXD3C 型电力机车车侧及车顶设备进行日常检查。
4. 培养良好的职业习惯和团队协作精神。
5. 树立职业意识，培养安全意识、责任意识。

任务信息

一、机车车顶设备介绍

HXD3C 型电力机车车顶设备布置如图 1-8 和图 1-9 所示。HXD3C 型电力机车Ⅰ、Ⅱ端车顶盖上各安装一台受电弓及避雷器。在中央顶盖上设有检修天窗。

图 1-8　HXD3C 型电力机车车顶设备布置

1—高压绝缘护套；2—避雷器；3—支持绝缘瓷瓶；4—检修天窗；5—受电弓

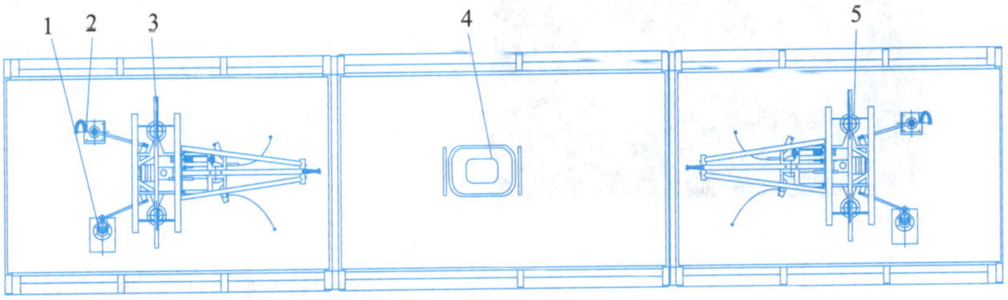

图 1-9　车顶设备布置

1—高压绝缘护套；2—避雷器；3—受电弓；4—检修天窗；5—支持绝缘瓷瓶

受电弓是电力机车从接触网获得电能的重要电气部件，通过支持绝缘子安装在机车车顶上。受电弓底架采用钢板焊接结构，在框架上焊有升弓装置、下臂、下导杆、减振绝缘瓷瓶、管路等支座。

避雷器装配在车顶，属于车顶避雷器，分别并联于受电弓和高压隔离开关之间，可以预防机车外部的雷击过电压和电网过电压，保护车顶和车内的高压电器。

检修天窗是供检修人员上车顶进行检修和维修作业的升降出入口。

为确保安全，车顶天窗设置钥匙联锁装置，与机车的控制电路、升弓气路联锁，只有在受电弓降下、联锁钥匙到位后才能打开天窗。

二、机车车侧设备介绍

HXD3C 型电力机车车侧下部安装有库用插座、行灯插座、自动过分相接收器、机车电子标签等设备，见表 1-2。

表 1-2　机车车侧设备介绍

序号	名称	图片	作用	数量
1	自动过分相接收器		机车装有全自动过分相检测装置。当机车运行的线路区段在分相区前后装有地面感应器时，机车全自动过分相检测装置将起作用。该装置通过向微机控制系统提供过分相区的信息：预告信号、恢复信号 、强迫信号，保证机车每次通过分相区时，司机不需要做任何操纵，机车微机控制系统即可自动跳主断，待通过分相区后，又能自动合主断，并保证机车恢复至通过分相区前的运行状态 机车上的自动过分相接收器安装在转向架两侧	4 个信号感应接收装置，机车两端两侧各 1 个
2	空气制动指示器	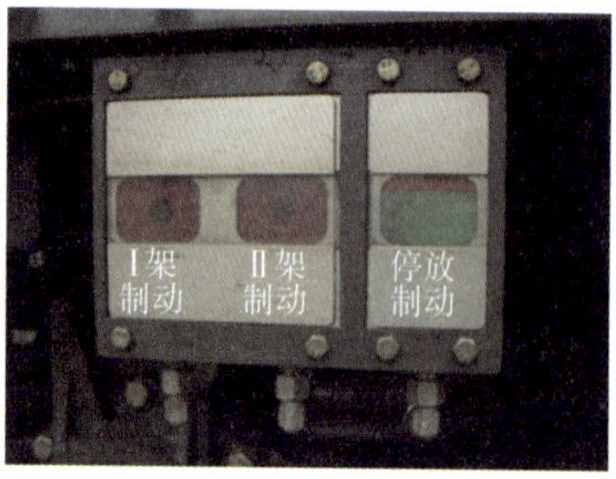	空气制动指示器是用来显示空气制动施加或缓解的装置。HXD3C 型电力机车有三个显示窗口，分别为Ⅰ架制动、Ⅱ架制动、停放制动。若窗口显示红色，则表示机车该侧对应的空气制动施加；若窗口显示绿色，则表示机车该侧对应的空气制动缓解	
3	入库插座	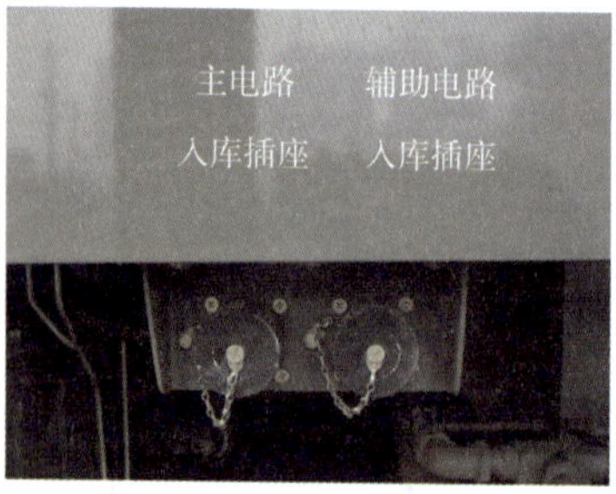	入库插座又称为库用插座，是为了机车在库内动车及进行低压试验，便于从地面上供给机车所需电源，设有主电路入库插座、辅助电路入库插座。 主电路入库插座额定参数： 额定电压 直流 1 500 V 额定电流 直流 100 A 辅助电路入库插座额定参数： 额定电压 交流 380 V 额定电流 交流 500 A 控制电路入库插座额定参数： 额定电压 直流 110 V 额定电流 直流 40 A	2 个主电路入库插座、1 个辅助电路入库插座和 1 个控制电路入库插座

三、机车主变压器

HXD3C 型电力机车主变压器采用下悬式安装方式的一体化多绕组变压器，它将 25 kV 的接触网电压变换为机车所需的各种低电压，以满足电力机车各种电机电器工作的需要。主变压器采用全密封结构，冷却方式采用强迫导向油循环风冷，总重约 13.8 t。其外观如图 1-10 所示。

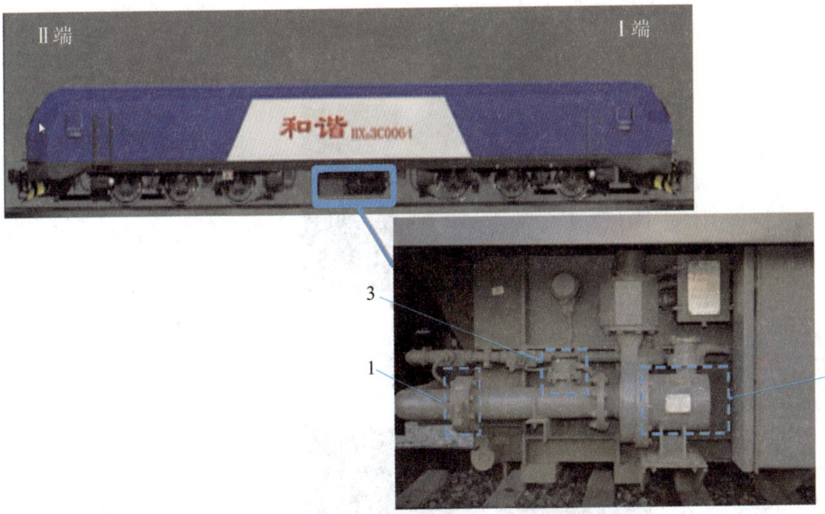

图 1-10　HXD3C 型电力机车主变压器

1—变压器蝶阀；2—油泵；3—油流继电器

四、车侧及车顶设备日常检查作业指导书

HXD3C 型电力机车车侧与车顶设备检查作业指导书

序号	检查项目	检查方法	图示说明	检查要求及标准
1	受电弓检查	目视	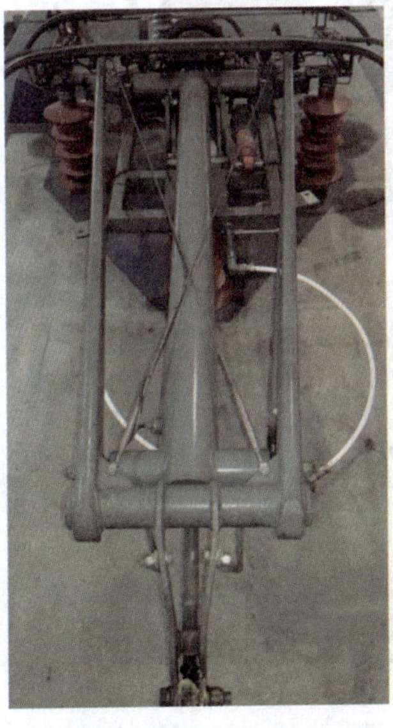	(1)目视检查受电弓支持绝缘子表面无破损，缺损深度不得大于 1 mm (2)目视检查受电弓安装螺栓紧固，防缓件齐全 (3)滑板、弓头支架及框架无变形和裂纹，弹簧件无裂损、锈蚀。滑板厚度用钢直尺测量。出现下列情况时必须更换：滑板总高度≤24 mm；不得有贯穿性裂纹；滑板松动、变形或漏风。两滑板的厚度差>3 mm (4)目视检查气囊无变形、偏斜、裂纹和破损现象

续上表

序号	检查项目	检查方法	图示说明	检查要求及标准
2	避雷器检查	目视		目视检查避雷器安装状态，各部螺栓紧固，无松动。绝缘子表面光洁，不得有缺损
3	入库插座检查	目视	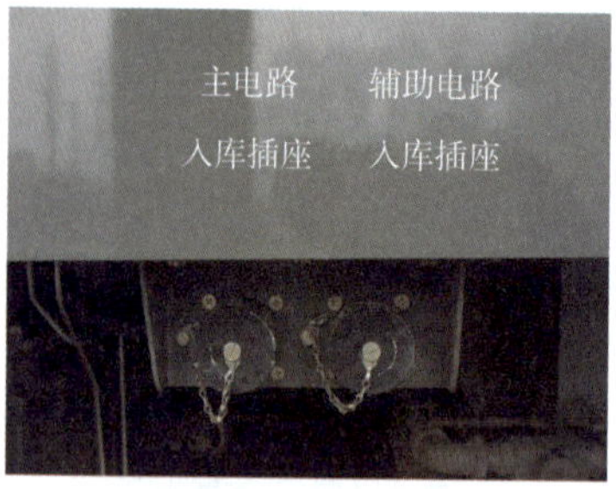	外观检查入库插座。安装牢固，防脱链无断损
4	行灯插座检查	目视		外观检查行灯插座。安装牢固，密封严密，线路无接磨(接触磨损)
5	自动过分相接收器检查	目视	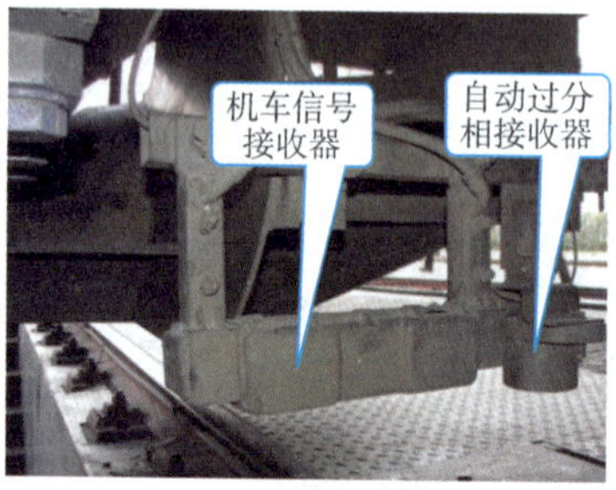	外观检查自动过分相接收器支架，支架无开焊、松脱，螺栓紧固
6	空气制动指示器	目视		外观检查空气制动指示器，指示器安装牢固

续上表

序号	检查项目	检查方法	图示说明	检查要求及标准
7	主变压器、油泵、蝶阀、油流继电器、排油阀、油管路检查	目视	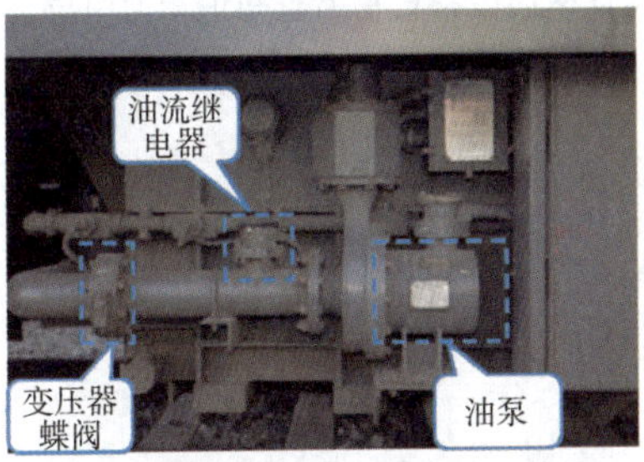	(1)外观检查主变压器主体，无异状、泄漏，螺栓紧固 (2)外观检查油泵、蝶阀、油流继电器、排油阀及油管路。安装牢固，各处无漏油现象。各管卡子、支架牢固。油流继电器油流表玻璃表面清晰，指针指示在规定范围内，护盖及挂链齐全、牢固
8	复合冷却器下通风网检查	目视		外观检查复合冷却器下通风网，安装牢固，无破损、无异物

知识引导

机车车侧及车顶设备日常检查知识学习引导

日期		班级	
姓名		学号	

(1)请分析从天窗进入车顶进行设备检查时,应注意什么?

(2)能够保证机车通过装有地面感应器的分相区时,可自动跳主断,待通过分相区后,能自动合主断的装置是____。

(3)题图 1-4 是机车 4 个自动过分相感应器的分布图,请为其编号。

自动过分相装置传感器分布

题图 1-4

(4)主电路库用插座和辅助电路库用插座的作用是什么?

(5)HXD3C 型电力机车车体两侧安装了空气制动指示器,可以显示____和停车制动状态。停放制动的指示器____(颜色)表示停放制动缓解。

(6)分析主变压器的主要作用是什么?主变压器的冷却方式是什么?

任务实施

一、安全防护准备

防护工具	检查内容
安全帽	有□,无□
手套	有□,无□
渡板检查	已检查,完好□

二、工具准备

工具明细表			
序号	名称	数量	是否完好
1	手电筒		
2	棉丝		
3	检查锤/小撬棍		

三、小组分工

序号	成员姓名	职责
1		检查
2		记录
3		班组长:安全监督,录像

四、检查记录单

机车车侧及车顶设备日常检查记录单

班级：	姓名：	学号：	同组人：
机车号			
检查对象			
检查对象/编号	检查内容/检查方法	检查内容	状态记录
机车顶部/( )	受电弓/( )	受电弓滑板、弓头支架及框架有无变形和裂纹，弹簧件有无裂损、锈蚀	☐ 受电弓外观良好 ☐ 弹簧件外观良好 ☐ 有裂纹 ☐ 有锈蚀
		受电弓安装螺栓是否紧固，防缓件是否齐全	☐ 螺栓齐全，紧固 ☐ 螺栓缺失 ☐ 螺栓松动
		受电弓支持绝缘子表面有无破损	☐ 受电弓绝缘子状态良好 ☐ 绝缘子表面有缺损
		气囊有无变形、偏斜、裂纹和破损现象	☐ 气囊外观良好 ☐ 气囊偏斜 ☐ 气囊有裂纹破损
	避雷器/( )	避雷器外观是否良好	☐ 避雷器外观良好，无松动 ☐ 避雷器变形
		绝缘子表面是否光洁，不得有缺损	☐ 绝缘子状态良好 ☐ 绝缘子表面有缺损
机车侧面/( )	入库插座/( )	主电路入库插座安装是否牢固，防脱链有无断损	☐ 主电路入库插座状态良好 ☐ 主电路入库插座防脱链完整 ☐ 主电路入库插座接线松动 ☐ 主电路入库插座防脱链断损
		辅助电路入库插座安装是否牢固，防脱链有无断损	☐ 辅助电路入库插座状态良好 ☐ 辅助电路入库插座防脱链完整 ☐ 辅助电路入库插座接线松动 ☐ 辅助电路入库插座防脱链断损
	行灯插座/( )	行灯插座是否安装牢固，密封严密	☐ 行灯插座状态良好 ☐ 行灯插座接线松动 ☐ 行灯插座密封不良
	自动过分相接收器/( )	自动过分相接收器支架有无开焊，螺栓是否紧固	☐ 自动过分相接收器支架状态良好 ☐ 自动过分相接收器支架有开焊 ☐ 自动过分相接收器支架螺栓松动
	空气制动指示器/( )	空气制动指示器安装是否牢固	☐ 空气制动指示器安装牢固 ☐ 空气制动指示器安装松动

续上表

检查对象/编号	检查内容/检查方法	检查内容	状态记录
主变压器及附近设备/(　　)	主变压器/(　　)	主变压器主体有无异状、泄漏，螺栓是否紧固	□ 主变压强外观良好 □ 主变压器外体变形 □ 螺栓松动
	油泵/(　　)	油泵是否安装牢固，有无漏油现象	□ 油泵外观良好 □ 油泵安装松动 □ 油泵有漏油
	蝶阀/(　　)	蝶阀是否安装牢固，有无漏油现象	□ 蝶阀外观良好 □ 蝶阀安装松动 □ 蝶阀有漏油
	油流继电器/(　　)	油流继电器是否安装牢固，油流继电器油流表玻璃表面是否清晰，指针指示是否在规定范围内，护盖及挂链是否齐全、牢固	□ 油流继电器外观良好 □ 油流继电器油流表玻璃表面清晰 □ 油流继电器油流表指针正确 □ 油流继电器护盖、挂链缺损 □ 油流继电器油流表玻璃表面破损模糊 □ 油流继电器油流表指针错误
	排油阀/(　　)	排油阀是否安装牢固，有无漏油现象	□ 排油阀外观良好 □ 排油阀安装松动 □ 排油阀有漏油
主变压器及附近设备/(　　)	油管路/(　　)	油管路各处有无漏油现象，各管卡子、支架是否牢固	□ 油管路外观良好 □ 有漏油 □ 支座松动
	复合冷却器下通风网/(　　)	复合冷却器下通风网安装是否牢固，有无破损、异物	□ 通风网外观良好 □ 通风网松动 □ 通风网破损 □ 通风网有异物
故障记录：			
检查时间：　年　月　日　时　分			检查人签字：
记录人签字：		班组长签字：	
填表要求	(1)检查对象编号按老师分配的具体任务编号填写，不能照抄照搬。 (2)检查内容的检查方法在对应(　　)中注明目视或手检。 (3)状态纪录按检查实际情况，在□内打“√”。 (4)故障记录栏填写发现的问题，填写规范、问题描述清晰，字迹书写清晰。 (5)签字项需填写全名，不得代签、涂改。		

五、监督与考核

机车车侧及车顶设备日常检查监督考核表

班级：		姓名：	学号：	同组人：
记录人：				
序号	安全监督内容	记录	分值与考核	得分
1	劳动保护及安全文明	□ 执行安全操作规程，佩戴安全帽、手套 □ 爱护设备及工具 □ 着装整洁；保持工作环境清洁	共 15 分 每缺少一项安全防护扣 5 分	
2	操作前将所需工具准备齐全	□ 工具齐全 □ 缺少工具（　　） □ 错选工具	共 10 分 每少一件工具扣 3 分 规格选错每件扣 3 分	
3	能按照检查标准要求规范进行检查	□ 能准确找到前端面各部件布置位置（10 分） □ 按检查标准和要求对机车车顶进行检查（5 分） □ 按检查标准和要求对机车侧面进行检查（5 分） □ 按检查标准和要求对机车主变压器及附近设备进行检查（5 分）	共 25 分 检查位置不正确、检查不标准不得分	
总　计				

任务评价

机车车侧及车顶设备日常检查评价表

班级：	姓名：	学号：	同组人：
评价项目	评价内容	得分	评价主体
理论知识准备	（1）能说出机车车顶、侧面及主变压器附近设备名称（10 分）		□ 师评 □ 自评 □ 互评
	（2）能描述受电弓、避雷器、自动过分相接收器、空气制动指示器、库用插座、行灯插座、主变压器等设备的作用（10 分）		
实操检查过程	（1）检查表填写完整、清晰、工整（5 分）		□ 师评 □ 自评 □ 互评
	（2）检查过程有序（5 分）		
	（3）能够安全规范进行检查（50 分）		□ 师评 □ 自评 □ 互评
课堂表现	（1）知识引导部分填写完整（10 分）		□ 师评 □ 自评 □ 互评
	（2）小组贡献度（10 分）		
总　分			

巩固练习

一、填空题

1. ________是电力机车从接触网获得电能的重要电气部件，通过____________安装在机车车顶上。

2. 为确保安全，车顶天窗设置钥匙联锁装置，与机车的控制电路、升弓气路联锁，只有在____________、联锁钥匙到位后才能打开天窗。

3. 当机车运行的线路区段在分相区前后装有地面感应器时，机车________________将起作用。

4. 空气制动指示器窗口显示红色，则表示机车该侧对应的空气制动________；若窗口显示绿色，则表示机车该侧对应的空气制动________。

5. 主电路入库插座额定电压为________，辅助电路入库插座额定电压为________。

6. HXD3C 型电力机车主变压器是机车的总电源，它采用____________安装方式的一体化多绕组变压器。冷却方式采用强迫导向____________。

二、简答题

1. 请简述自动过分相接收器的作用。

2. 请简述入库插座的作用。

3. 题图 1-5 为 HXD3C 型电力机车简图，请写出编号 1～11 的名称。

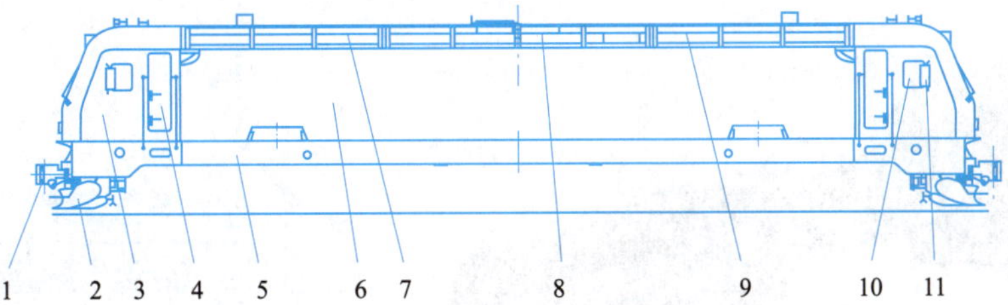

题图　1-5

1—________；2—________；3—________；4—________；5—________；

6—________；7—________；8—________；9—________；10—________；11—________

任务四　车钩缓冲装置日常检查

任务描述

车钩能够将机车与车辆、机车与机车连挂形成整列车，同时车钩后的缓冲装置能够缓和列车纵向冲击力，车钩缓冲装置一旦出现裂纹或其他状态不良，极易造成断钩。为保证行车安全，按照 HXD_{3C} 型电力机车日常检查作业要求，进行 HXD_{3C} 型电力机车日常检查，本任务日常检查的对象是车钩缓冲装置。

任务目标

1. 能够识别 HXD_{3C} 型电力机车车钩缓冲装置的组成部件，并能分析它们的作用。
2. 能够分析车钩动作原理，并解释车钩三态。
3. 能够按照检查标准和要求对 HXD_{3C} 型电力机车车钩缓冲装置进行日常检查。
4. 培养良好的职业习惯和团队协作精神。
5. 树立职业意识，培养安全意识、责任意识。

任务信息

一、车钩缓冲装置作用

车钩缓冲装置吸收机车对列车进行连挂时及列车在运行中由于传递牵引力、制动力的动态作用产生的纵向冲击力。车钩缓冲装置安装在车体底架两端牵引梁的车钩箱内。

HXD_{3C} 型电力机车使用了 100 型下作用式车钩、QKX 型缓冲器、钩尾框、从板及提杆装置等，如图 1-11 所示。

车钩连挂中心距牵引梁前端面 608 mm。机车落车后，车钩水平中心线距轨面高度为(880±10) mm。

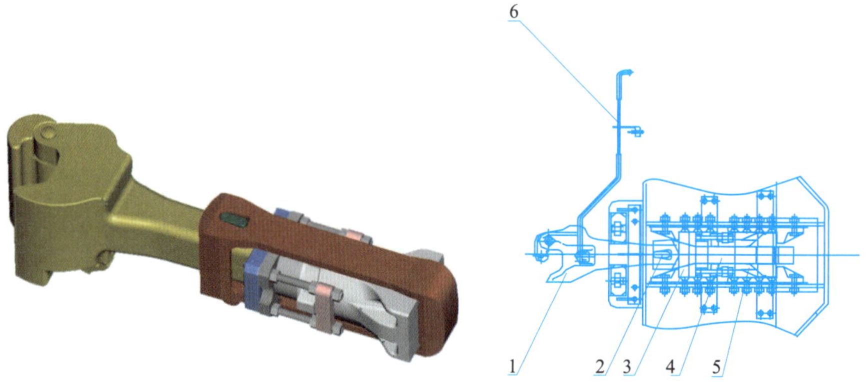

图 1-11　车钩缓冲装置

1—车钩；2—钩尾销；3—从板座；4—钩尾框；5—胶泥缓冲器；6—钩提杆

二、车　钩

1. 车钩结构组成

根据车钩开启方式，可将车钩分为上作用式和下作用式两种，由设在钩头上部提升机构开启的，叫上作用式；由设在钩头下部推顶机构开启的叫下作用式。HXD3C 型电力机车车钩是下作用式，由钩舌、钩体、钩舌销、钩锁、钩舌推铁和下锁销等组成，如图 1-12 所示。

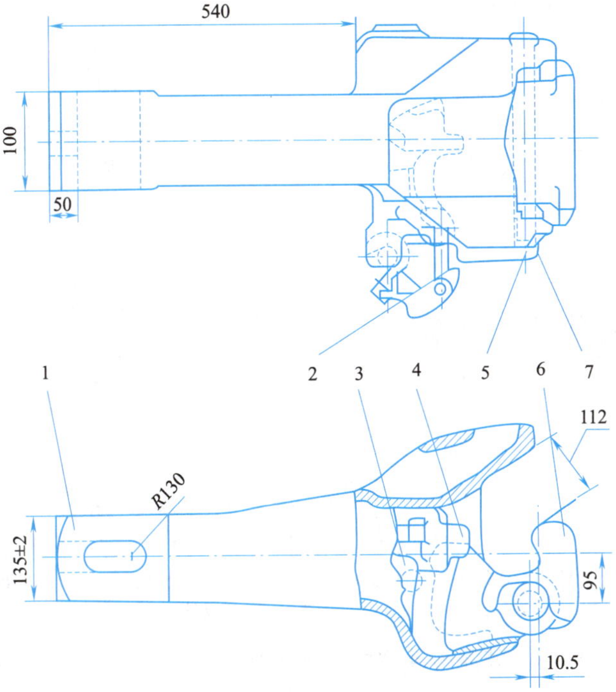

图 1-12　车钩结构（单位：mm）

1—钩体；2—下锁销装配；3—钩舌推铁；4—钩锁；5—销；6—钩舌；7—钩舌销

2. 车钩的三态作用

车钩工作时各零部件处于不同位置，起着不同的作用，从而使车钩具有闭锁、开锁和全开三个工作状态，称为车钩的三态作用。

（1）闭锁位：为机车、车辆连挂后的车钩位置。此时，两钩舌旋入互相抱合，钩锁因自重落下，卡在钩舌尾部与钩头空腔内壁之间，钩舌不得张开。

（2）开锁位：是一种闭而不销的状态，为摘车时的位置。此时钩舌虽未张开，但钩锁已被人为操纵顶起，即解除了对钩舌的锁闭。只要机车稍稍移动，钩舌即可向外转开，使机车和车列分离。

（3）全开位：车钩钩舌完全张开准备挂钩时的位置。此时，钩锁座落在钩舌尾部上方，不能落下。相互挂接的两个车钩，必须有一个处于全开位，另一个则处于什么位置都可以。

3. 车钩三态状态的标准

按铁路对机车车辆车钩的规定，车钩的三态状态应良好。

（1）开锁状态：轻轻提起提钩杆，使锁铁脚支在锁铁座上，放下提钩杆，锁铁仍未落下，钩舌也未移动。此时，将钩舌向外推，能立即伸开，即为开锁状态良好。

（2）全开状态：将提杆用力提起，钩舌完全伸开，即为全开状态良好。

（3）锁闭状态：在全开状态时，将钩舌缓缓地向钩头里推动，锁铁以自身重量完全落下，使钩舌不能伸出，即为锁闭状态良好。

三、缓冲器

缓冲器是用来缓和与消减机车与车辆连挂、牵引及制动时，机车与车辆相互碰撞而引起的冲击和振动，从而提高列车运行的平稳性，减少对车体结构和电气设备的破坏作用。

HXD3C 型电力机车采用 QKX100 型大功率弹性胶泥缓冲器，它由箱体、预压板、垫板、弹性橡胶芯、垫块、减磨套和螺杆等组成，如图 1-13 所示。

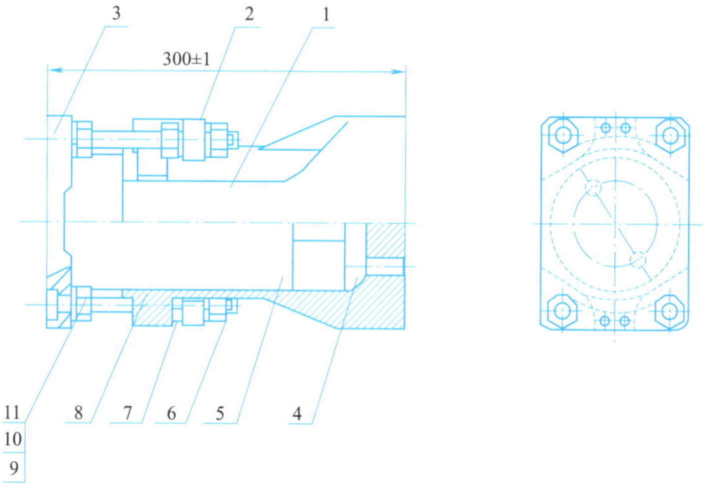

图 1-13　缓冲器(单位:mm)

1—壳体;2—连接板;3—预压板;4—垫板;5—弹性胶泥芯子;6—开口销;7—垫块;8—减磨套;9—螺杆;10—螺母;11—垫圈

QKX100 型大功率弹性胶泥缓冲器的性能参数如下：

(1)容量不低于 100 kJ。

(2)阻抗力不大于 2 500 kN。

(3)行程 83 mm。

(4)最大阻抗力 2 500 kN。

(5)吸收率不小于 80%。

四、车钩及缓冲装置日常检查作业指导书

HXD3C 型电力机车车钩缓冲装置日常检查作业指导书

序号	检查项目	检查方法	图示说明	检查要求及标准
1	车钩外观检查	目视		(1)车钩高度符合规定，车钩水平中心线距轨面高度在 840～880 mm 之间。无裂损、变形错位。钩舌销良好，开口销无缺损，开口不小于 60° (2)吊杆、托板无裂损、变形，摩擦面油润良好，吊杆摆动正常。车钩复原装置复原作用良好

续上表

序号	检查项目	检查方法	图示说明	检查要求及标准
1	车钩外观检查	目视	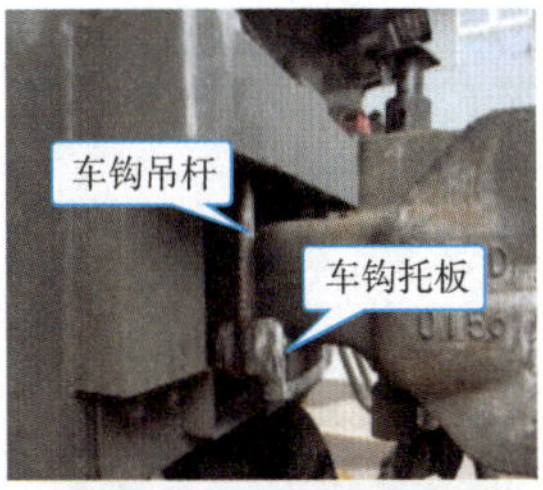 	(3)提杆、连杆无变形,提钩灵活。钩提杆凸台在提钩槽不旷动。提杆座、提杆锁板安装牢固
2	车钩防跳装置及“三态”检查	手检	  	(1)车钩防跳装置作用良好,部件齐全。用检查锤尖部向上托起钩锁铁,车钩不得开锁 (2)开锁状态:轻轻提起提钩杆,使锁铁脚支在锁铁座上,放下提钩杆,锁铁仍未落下,钩舌也未移动。此时,将钩舌向外推,能立即伸开,即为开锁状态良好 (3)全开状态,将提杆用力提起,钩舌完全伸开,即为全开状态良好 (4)锁闭状态:在全开状态时,将钩舌缓缓地向钩头里推动,锁铁以自身重量完全落下,使钩舌不能伸出,即为锁闭状态良好
3	缓冲装置检查	目视		前后磨耗板不得有裂纹及变形。从板座缓冲器、从板座、尾框各工作面接触良好。车钩尾框及销孔无异常

知识引导

车钩缓冲装置日常检查知识学习引导

日期		班级	
姓名		学号	

(1)总结车钩缓冲装置的作用。

(2)给题图 1-6 标注各部分名称。

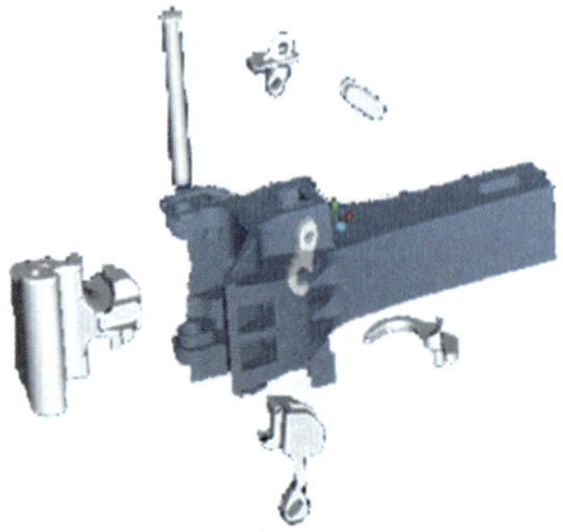

题图　1-6

(3)仔细观察，下面三个图分别是车钩的什么状态？填写在表格内。

<table>
<tr><td>状态</td><td></td><td></td><td></td></tr>
<tr><td>图示</td><td>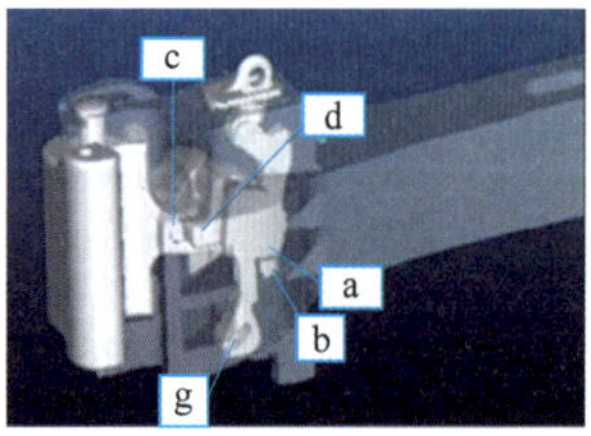
</td><td>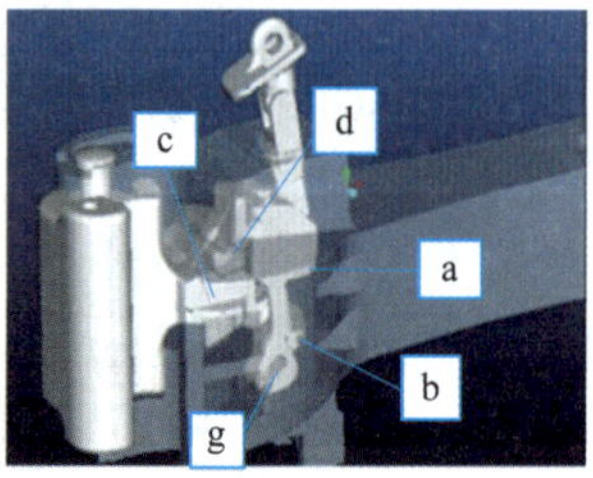
</td><td>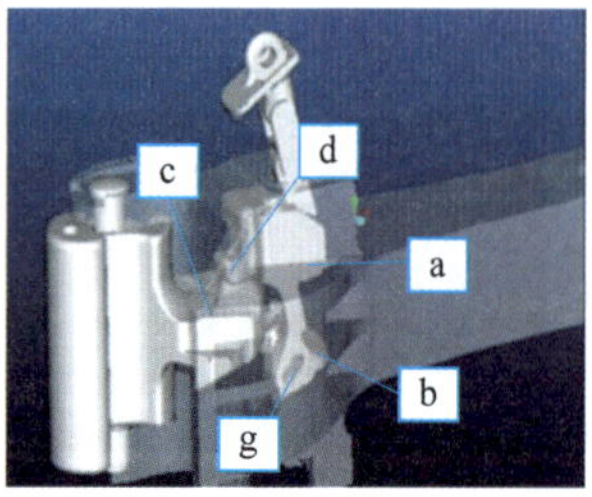
</td></tr>
</table>

(4)请简述 HXD3C 型电力机车 QKX 型缓冲器的工作过程。

任务实施

一、安全防护准备

防护工具	检查内容
安全帽	有□,无□
手套	有□,无□
渡板检查	已检查,完好□

二、工具准备

工具明细表			
序号	名称	数量	是否完好
1	手电筒		
2	棉丝		
3	检查锤/小撬棍		

三、小组分工

序号	成员姓名	职责
1		检查
2		记录
3		班组长:安全监督,录像

四、检查记录单

车钩缓冲装置日常检查记录单

班级：	姓名：	学号：	同组人：
机车号			
检查对象			
检查对象/编号	检查内容/检查方法	检查内容	状态记录
车钩缓冲装置/（　　）	车钩/（　　）	车钩水平中心线距轨面高度是否在840～880 mm之间	□ 车钩水平中心线高度正常 □ 车钩水平中心线高度不正常
		吊杆、托板有无裂损、变形，摩擦面油润是否良好，吊杆摆动是否正常	□ 吊杆正常 □ 托板正常 □ 摩擦面油润良好 □ 吊杆摆动正常 □ 吊杆、托板裂损 □ 摩擦面油润不良 □ 吊杆摆动异常
		提杆、连杆有无变形，提钩是否灵活	□ 提杆正常 □ 连杆正常 □ 提钩灵活 □ 提杆、连杆变形 □ 提钩动作不灵活
		车钩防跳装置作用是否良好，部件是否齐全。用检查锤尖部向上托起钩锁铁，车钩是否开锁	□ 车钩防跳装置作用良好，部件齐全 □ 车钩防跳装置异常
		检查车钩开锁状态：轻轻提起提钩杆，使锁铁脚支在锁铁座上，放下提钩杆，锁铁仍未落下，钩舌也未移动。此时，将钩舌向外推，能立即伸开	□ 车钩开锁状态正常 □ 车钩开锁状态异常
		检查车钩全开状态：将提杆用力提起，钩舌完全伸开	□ 车钩全开状态正常 □ 车钩全开状态异常
		检查车钩锁闭状态：在全开状态时，将钩舌缓缓地向钩头里推动，锁铁以自身重量完全落下，使钩舌不能伸出	□ 车钩锁闭状态正常 □ 车钩锁闭状态异常
	缓冲装置/（　　）	前后磨耗板有无裂纹及变形。从板座缓冲器、从板座、尾框各工作面接触是否良好。车钩尾框及销孔有无异常	□ 磨耗板正常 □ 各工作面接触良好 □ 车钩尾框、销孔正常 □ 磨耗板异常 □ 有工作面接触不良 □ 车钩尾框、销孔异常
故障记录：			
检查时间：　年　月　日　时　分			检查人签字：
记录人签字：		班组长签字：	
填表要求	（1）检查对象编号按老师分配的具体任务编号填写，不能照抄照搬。 （2）检查内容的检查方法在对应（　　）中注明目视或手检。 （3）状态纪录按检查实际情况，在□内打“√”。 （4）故障记录栏填写发现的问题，填写规范、问题描述清晰，字迹书写清晰。 （5）签字项需填写全名，不得代签、涂改。		

五、监督与考核

车钩缓冲装置日常检查监督考核表

班级：		姓名：	学号：	同组人：
记录人：				
序号	安全监督内容	记录	分值与考核	得分
1	劳动保护及安全文明	□ 执行安全操作规程，佩戴安全帽、手套 □ 爱护设备及工具 □ 着装整洁；保持工作环境清洁	共 15 分 每缺少一项安全防护扣 5 分	
2	操作前将所需工具准备齐全	□ 工具齐全 □ 缺少工具(　　　) □ 错选工具	共 10 分 每少一件工具扣 3 分 规格选错每件扣 3 分	
3	能按照检查标准要求规范进行检查	□ 能准确找到车钩缓冲装置位置(10 分) □ 按检查标准和要求对车钩进行检查(10 分) □ 按检查标准和要求对缓冲装置进行检查(5 分)	共 25 分 检查位置不正确、检查不标准不得分	
总　计				

任务评价

车钩缓冲装置日常检查评价表

班级：	姓名：	学号：	同组人：
评价项目	评价内容	得分	评价主体
理论知识准备	(1)能说出机车车钩缓冲装置结构名称(10 分)		□ 师评 □ 自评 □ 互评
	(2)能描述车钩三态的特点(10 分)		
实操检查过程	(1)检查表填写完整、清晰、工整(5 分)		□ 师评 □ 自评 □ 互评
	(2)检查过程有序(5 分)		
	(3)能够安全规范进行检查(50 分)		□ 师评 □ 自评 □ 互评
课堂表现	(1)知识引导部分填写完整(10 分)		□ 师评 □ 自评 □ 互评
	(2)小组贡献度(10 分)		
总　分			

巩固练习

一、判断题

HXD3C 型电力机车前、后车钩中心距 20 846 mm。(　　)

二、填空题

1. HXD3C 型电力机车车钩安装中心线距轨面高________ mm。

2. 车钩及缓冲装置是吸收机车对列车进行连挂时及列车在运行中由于传递牵引力、制动力的动态作用产生的________冲击力。车钩及缓冲装置安装在车体底架两端________的车钩箱内。

3. 根据车钩开启方式,可将车钩分为上作用式和下作用式两种,HXD3C 型电力机车车钩是____________。

4. 机车、车辆连挂后的车钩位置是____________。

5. ____________是一种闭而不销的状态,为摘车时的车钩位置。

三、简答题

1. 缓冲器的作用是什么?

2. 怎样判别车钩的"三态"作用是否良好?

3. 题图 1-7 为车钩缓冲装置简图,请写出图注 1~6 的名称。

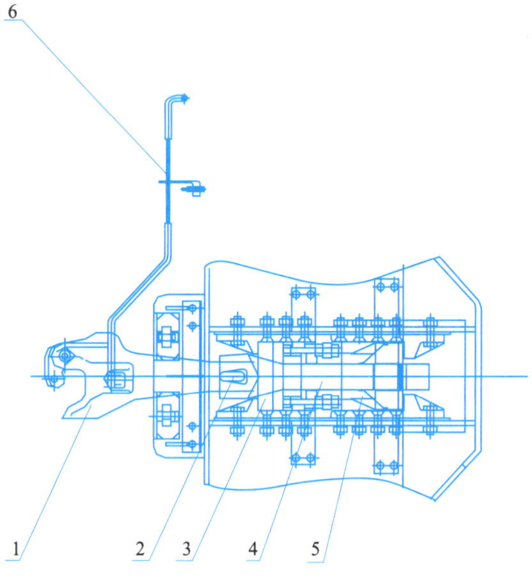

题图　1-7

1—________;2—________;3—________;4—________;5—________;6—________

项目二
机车车体内部设备检查

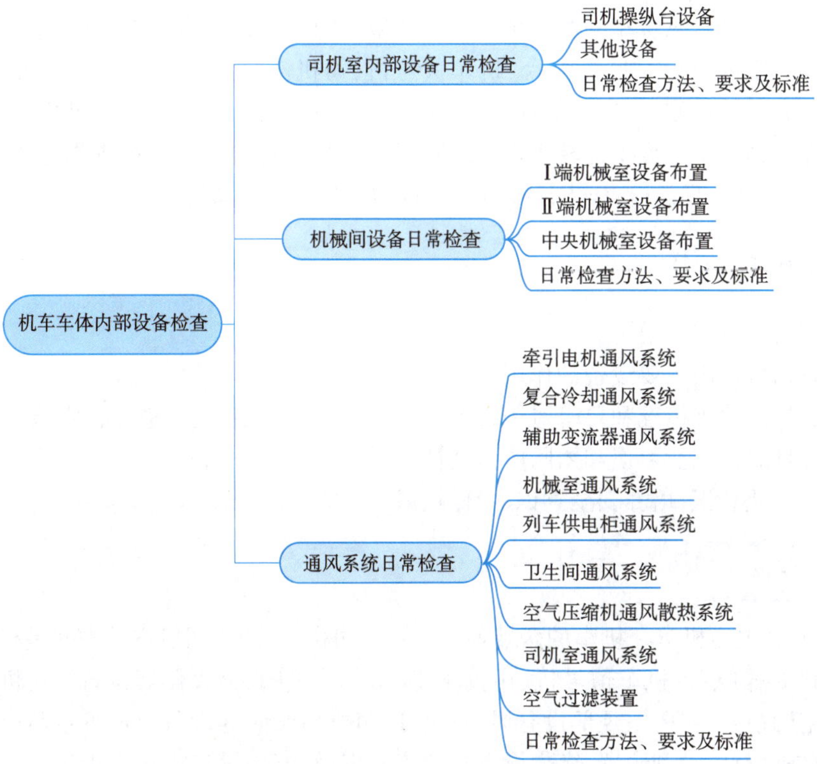

项目描述

在机车的两端各设一个司机室，两个司机室的中间是机械间。司机室是司机操纵机车的工作场所，机车上的机械和电气设备，如空气压缩机、制动屏柜、低压电器柜、高压电器柜、控制电源柜、变流柜、列车供电柜、微机柜、通风机组等都布置在机械间内。

学习目标

1. 掌握司机室内的设备名称、布置位置和主要作用。
2. 掌握机械间内各主要机械和电气设备的名称、布置位置及主要作用。
3. 掌握机车需要通风冷却的电气设备、各个通风系统的通风冷却支路。
4. 能够按照检查标准和要求对 HXD3C 型电力机车司机室、机械间和通风冷却系统进行日常检查。

任务一　司机室内部设备日常检查

任务描述

司机室是司机操纵机车的主要场所。各种型号的机车司机室虽有不同，但总体布置大同小异。司机室内设有司机操纵台、机车信号机、司机座椅、紧急放风阀、灭火器等设备。司机室内若有部件操作不灵活、部件缺失或损坏，会使得司机无法正常操纵机车，危及行车安全。为保证司机室内设备运转正常，按照 HXD3C 型电力机车日常检查作业要求，要进行 HXD3C 型电力机车日常检查，本任务日常检查的对象是机车司机室。

任务目标

1. 识别司机室内各设备。
2. 了解司机室内主要设备的作用。
3. 能够按照检查标准和要求对 HXD3C 型电力机车司机室内部进行日常检查。
4. 培养良好的职业习惯和团队协作精神。
5. 树立职业意识，培养安全意识、责任意识。

任务信息

HXD3C 型电力机车在机车的两端各设有一个司机室，两个司机室的中间是机械间。在司机室内设有操纵台、机车信号机、司机座椅、紧急放风阀、灭火器等设备。司机室操纵台前部设有空调装置，司机室顶部设有风扇、头灯、司机室照明等设备。司机室前窗采用电加热玻璃，窗外设有电动刮雨器，窗内设有电动遮阳帘；侧窗外设有机车后视镜。在操纵台上设有 TCMS 显示器、ATP 显示器、压力组合模块、司机控制器、制动控制器、扳键开关组、制动装置显示器、暖风机、脚炉和膝炉。具体设置如图 2-1 所示。

图 2-1　司机室设备布置

1—LCDM 制动显示屏；2—机械压力表；3—无人警惕按钮；4—EBV(单、自阀)制动控制器；
5—非自复式紧急制动按钮；6—LKJ 显示屏；7—电钥匙及扳键开关；8—司机控制器；
9—TCMS 微机显示屏；10—CIR 无线通信综合设备；11—列车供电开关；12—空调开关；
13—低音风笛脚踏开关；14—无人警惕脚踏开关；15—撒砂脚踏开关；16—机车重联电话

一、司机操纵台

1. 操纵台仪表盘

HXD3C 型电力机车司机室操纵台前部有双针压力表、6A 系统显示屏、LCDM 制动显示屏、多功能状态组合模块、LKJ 显示屏、TCMS 微机显示屏、无线通信设备等。具体布置情况如图 2-2 所示。

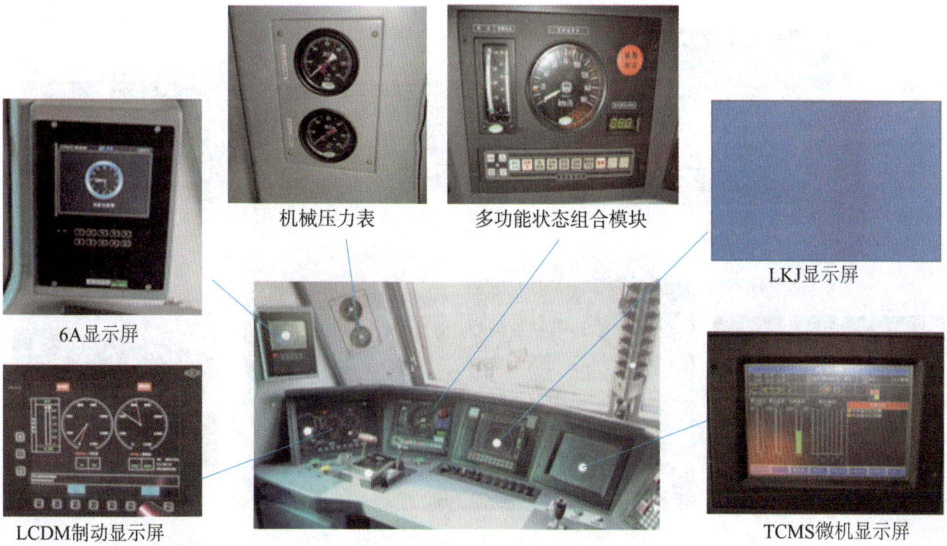

图 2-2　操纵台仪表盘图示

操纵台仪表盘的基本作用见表 2-1。

表 2-1　操纵台仪表盘的基本作用

名　称	作　用
LCDM 制动显示屏	位于司机室操纵台左侧，通过它可进行本机/补机，均衡风缸定压，列车管投入/切除，阶段缓解/一次缓解，补风/不补风，CCBⅡ系统自检，风表值标定，故障查询等功能的选择和应用
机械压力表	有总风缸列车管压力表和制动缸压力表
多功能状态仪表模块	HXD3C 型电力机车的多功能状态仪表模块由双针速度表、双针电测量仪表、信号指示灯、紧急制动按钮和总风压力数码显示表(仅用于客运机车)组成，可测量并显示机车运行的即时速度和运行区间的限制速度、机车网压/控制电压参数；可显示机车设备的运行状态，如：工作状态、故障状态等
LKJ 显示屏	列车运行监控装置，是我国铁路列车运行控制的主要安全设备之一，其主要功能是防止“两冒一超”，即防止列车冒进进站信号机和出站信号机、监控列车运行速度。同时具备记录列车运行、机车运用及司机操作状况作为行车安全分析重要依据的“黑匣子”功能
TCMS 微机显示屏	HXD3C 型电力机车采用集中式微机控制系统，通过设在Ⅰ、Ⅱ端司机室的微机显示屏对主变流器、辅助变流器、控制电器柜、司机室控制开关等的各种信息进行显示，使司机通过微机显示屏迅速掌握机车各种设备的工作状态和故障诊断
6A 显示屏	是 6A 系统(机车车载安全防护系统)的人机交互装置，可以查询 6A 系统各子系统设备状态、监测数据、提示信息和报警信息

2. 操纵台台面设备

HXD3C 型电力机车司机操纵台面有停放制动按钮、停放缓解按钮、风笛按钮、司机电钥匙座、扳键开关组、EBV 电子制动阀、司机控制器等。具体布置情况如图 2-3 所示。

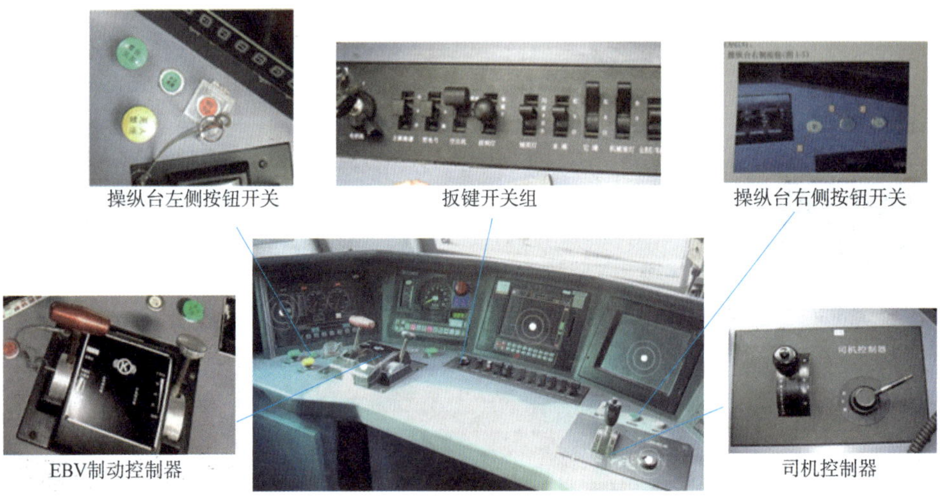

图 2-3　操纵台台面设备布置

操纵台台面设备具体功能见表 2-2。

表 2-2　操纵台台面设备的功能

名　称	图　示	功　能
EBV 制动控制器	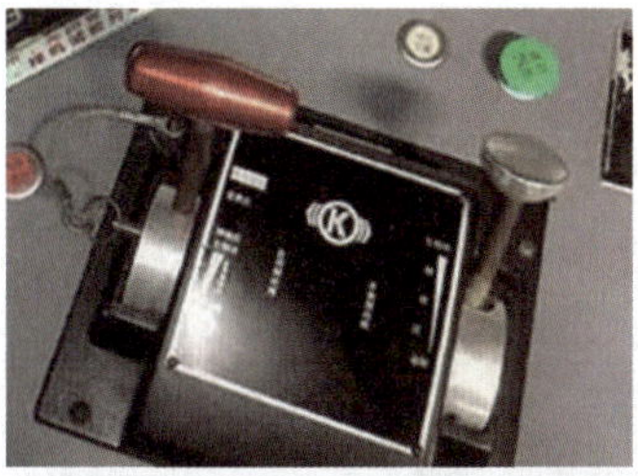	控制列车及机车的制动作用。单独制动控制可通过 EBV 单独制动手柄实施；均衡分缸（ER）控制可通过 EBV 自动制动手柄获得
操纵台左侧按钮开关	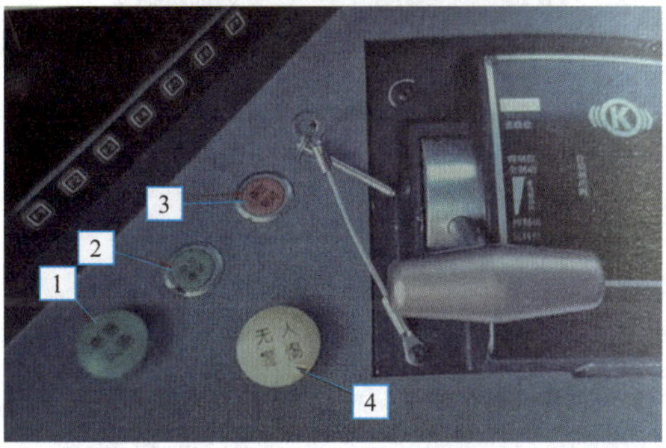 1—高音风笛；2—停放缓解；3—停放制动；4—无人警惕	红色按钮为停放制动按钮 绿色按钮为停放缓解按钮 黄色按钮为无人警惕开关，机车运行时，如果司机出现打瞌睡、离岗或因紧急伤病等情况丧失操控能力时，无人警惕功能将主动实施停车，保证行车安全
扳键开关组	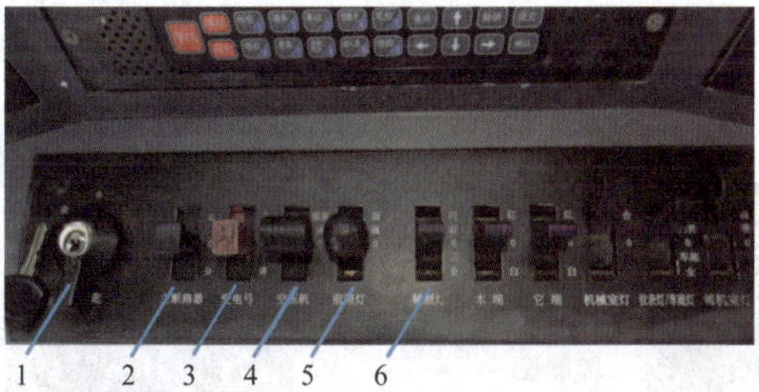 1—电钥匙开关；2—主断路器扳钮；3—受电弓扳钮；4—空压机（强泵风）扳钮；5—前照灯扳钮；6—辅照灯扳钮	为了防止可能产生的误操作，扳键开关组中扳键开关主断路器～空压机设有机械联锁装置，具体联锁如下： （1）当钥匙转换开关处于“0”位时，主断路器～空压机的扳键开关均被锁定，不能进行操作 （2）当钥匙转换开关处于“合”位时，主断路器～空压机的扳键开关能够正常操作 （3）当主断路器～空压机有任一扳键开关不在“0”位时，钥匙开关不能操作
操纵台右侧按钮开关	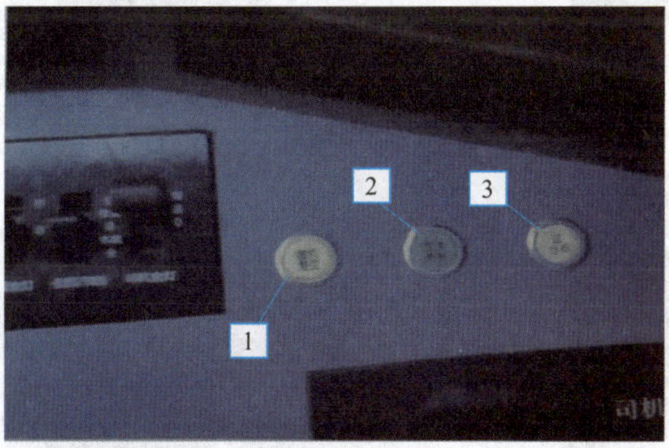 1—微机复位；2—定速控制（禁用）；3—过分相（禁用）	微机复位按钮：当机车在正常运行中发生微机故障，不能自行恢复时，故障信息在司机室信息显示单元中显示出来，司机可以根据提示，通过按动故障复位按钮，实现故障的恢复

续上表

名　称	图　示	功　能
司机控制器	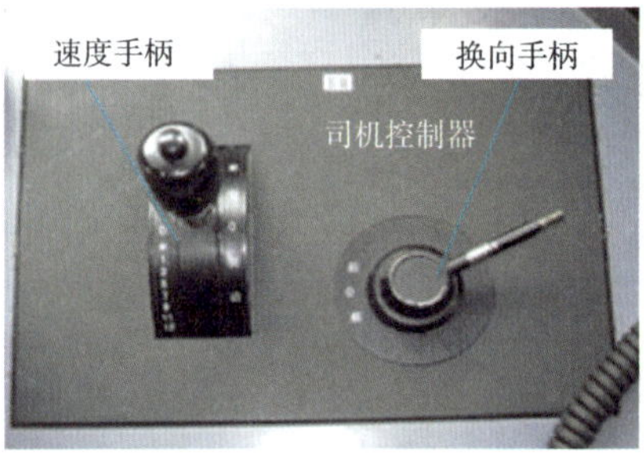	司机控制器是司机用来操纵机车运行的主令控制器，用来控制机车的运用工况和行车速度。司机控制器主手柄上设置有机械联锁装置，具体联锁如下： (1)换向手柄在“0”位时，主手柄被锁在“0”位 (2)换向手柄在“前”“后”位时，主手柄可离开“0”位，转动至牵引区其他位，主手柄一旦离开“0”位，换向手柄即被锁住 换向手柄、控制手柄及联锁按钮应动作灵活，无卡阻 控制手柄从“0”位往“牵引”区转动时必须按下手柄头部的联锁按钮；手柄从“0”位向“制动”区转动时不存在此联锁

3. 操纵台柜体设备

HXD3C 型电力机车操纵台柜体设备(表 2-3)有：空调控制柜(左侧的)、重联电话、脚踏开关 3 个、辅助设备开关组合(右中)、AC 220 V 电源插座、水箱、冰箱等。

表 2-3　HXD3C 型电力机车操纵台柜体设备

名称	图　示	名称	图　示
空调控制柜		辅助设备开关	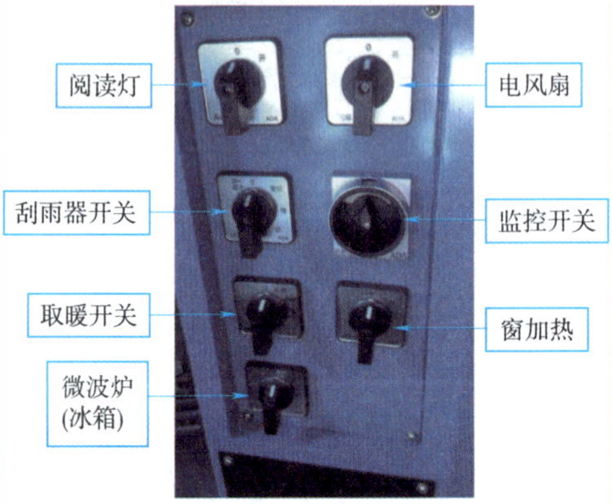
重联电话、脚踏开关	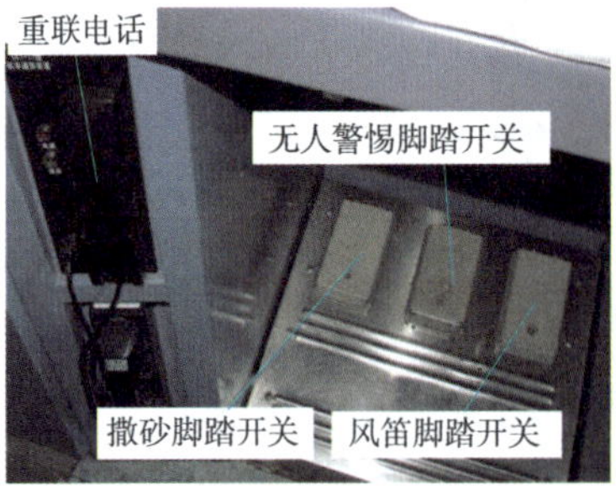	220 V 插座、冰箱	

续上表

名　　称	图　　示
操纵台电气柜	

二、其他设备

司机室内除司机操纵台外，还有司机室侧门、机械间门、侧窗、前窗、风扇、阅读灯、照明灯、语音箱、遮阳帘、机车信号机、路况摄像头、司机座椅、灭火器、边凳、取暖器、监控摄像头、烟雾报警器等，见表 2-4。

表 2-4　其他设备

名称	图　　示	名称	图　　示
电暖器		监控摄像头、烟雾报警器	
路况摄像头		机车信号机（双面八显示）	

三、司机室日常检查作业指导书

HXD3C型电力机车司机室日常检查作业指导书

序号	检查项目	检查方法	图示说明	检查要求及标准
1	司机室门、窗检查(左右两侧)	目视		(1)开闭灵活,门轴固定,门框密封胶条齐全。把手安装平直牢固,门锁具备锁闭作用 (2)侧窗锁闭器锁闭严密,玻璃无破损,安装牢固
2	取暖器、灭火器检查(左右两侧)	目视		(1)检查取暖器,配件齐全,安装牢固 (2)灭火器安放稳固,铅封无破损,无欠压(压力表指针指向绿区)不超期
3	操纵台检查	目视		(1)检查制动屏,清洁,制动屏安装牢固,屏面无划痕,时间与LKJ时间误差不大于1 min,查阅故障记录 (2)检查微机屏,显示及触摸功能正常,触摸屏表面无损伤,时间与LKJ时间误差不大于1 min,查阅故障记录 (3)检查空调控制板,无损坏,各旋钮转动灵活 (4)检查多功能状态组合模块,安装牢固,仪表不超期。状态指示灯自检全部能够闪亮 (5)外观检查各扳键开关,扳键齐全,无机械损伤,扳键槽内无杂物 (6)外观检查电子制动阀控制器,安装牢固,配件齐全 (7)外观检查操纵台各按钮,配件齐全,动作无卡滞,安装牢固 (8)外观检查司机控制器,无破损,自锁作用正常

续上表

序号	检查项目	检查方法	图示说明	检查要求及标准
4	操纵台下检查	目视	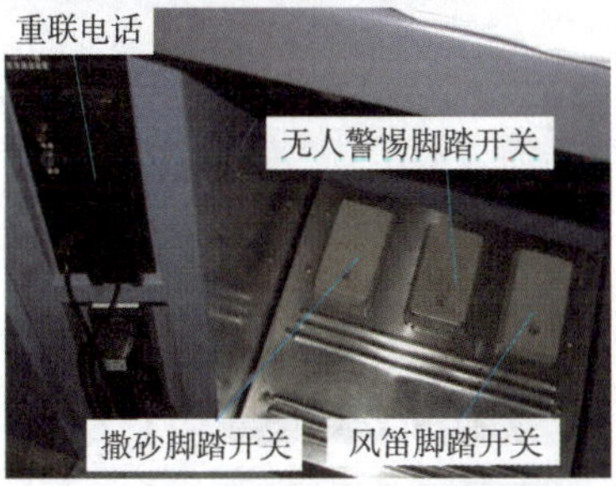	(1)外观检查操纵台冰箱柜及电气线路,柜门锁闭,冰箱无破损;电气线路无烧损,220 V插座安装牢固,接线无过热、烧损;柜内电气线路接线安装牢固、无过热,各按钮安装螺栓牢固 (2)外观检查重联电话,重联电话部件齐全 (3)检查撒砂、无人警惕装置、风笛脚踏开关,安装牢固,配件齐全,无卡滞 (4)外观检查操纵台电气柜,柜门锁闭;各开关配件齐全,接线牢固,无过热、烧损。插头插接牢固。外观检查喷淋装置,柜门锁闭,水箱无泄漏
5	司机室瞭望玻璃、遮阳帘、刮雨器检查	目视		(1)外观检查瞭望玻璃,无裂纹、破损,无漏水痕迹 (2)外观检查遮阳帘。升降无卡滞,无破损 (3)外观检查刮雨器。安装牢固,刷片完好并与玻璃密贴 (4)外观检查多功能语音箱,安装牢固 (5)外观检查双针压力表模块,安装牢固、无泄漏,双针压力表不超过校验周期

续上表

序号	检查项目	检查方法	图示说明	检查要求及标准
6	司机室座椅及司机室顶部检查	目视		(1)外观检查司机室座椅,配件齐全,无破损,紧固螺栓无松动,调整灵活、作用到位,表面整洁 (2)外观检查司机室顶灯,灯罩无缺失,安装牢固,试验强弱灯光变化准确 (3)外观检查司机室风扇,风扇罩安装牢固,外观清洁。风扇转动无异音
7	司机室后墙及地板检查	目视	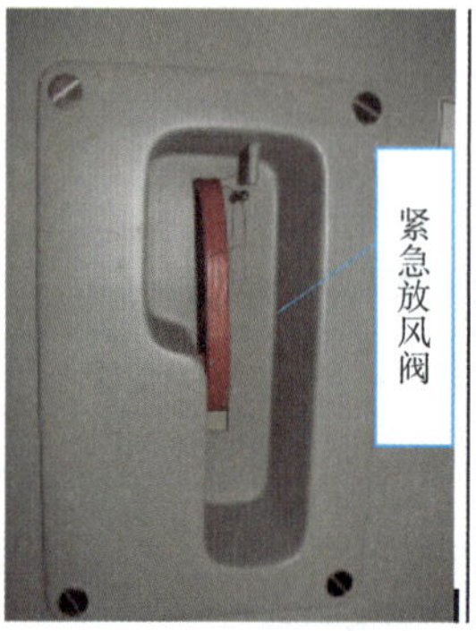	(1)外观检查紧急放风阀,铅封无破损,管路无泄漏 (2)外观检查左、右后壁取暖器,配件齐全、安装牢固 (3)外观检查挂衣钩、添乘座椅及灭火器,挂衣钩齐全,无破损;添乘座椅安装牢固,无破损;灭火器安放稳固,铅封无破损,不超期,压力指针指向绿区 (4)检查司机室地板,地板无缺失,支架牢固,铺设平整无塌陷 (5)外观检查司机室顶部及四周密封,无漏水、透光痕迹 (6)灭火器安放稳固,铅封无破损,无欠压(压力表指针指向绿区)不超期 (7)检查过道门,门把手安装牢固,门锁灵活无卡滞,密封胶条完整
8	6A系统音视频显示终端及视频摄像头、防火探测器检查	目视	 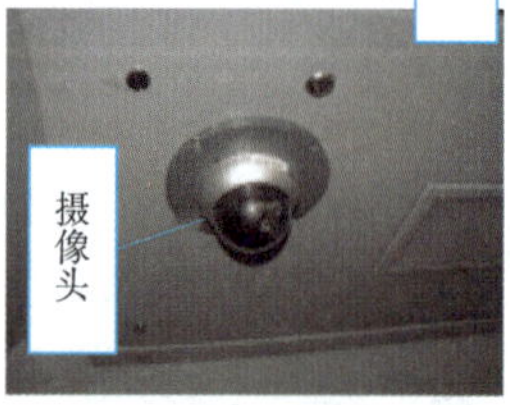 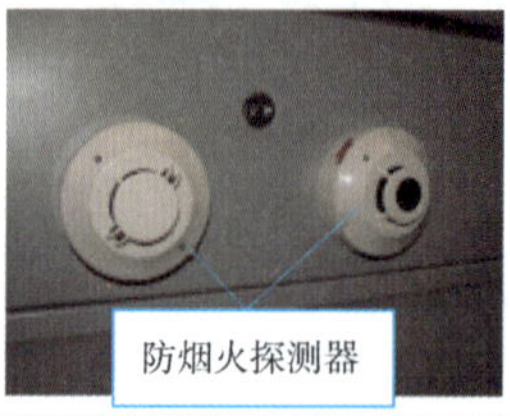	(1)外观检查音视频显示终端外观无异常、安装螺栓紧固,表面清洁无灰尘,上电检查屏幕上下亮度一致,字符、图形显示正确清晰。按键正常,触摸灵敏,背光调节和音量调节功能正常,触摸屏各功能正常 (2)摄像头外观、安装牢固,镜头表面清洁 (3)防火探测器安装牢固,表面清洁

知识引导

司机室内部设备日常检查知识学习引导

日期		班级	
姓名		学号	

(1)HXD3C 型电力机车，在司机室内设有操纵台、________显示机车信号机、司机座椅________个、紧急放风阀、灭火器等设备。司机室操纵台前部设有空调装置，司机室顶部设有风扇、头灯、司机室照明等设备。司机室前窗采用________玻璃，窗外设有电动刮雨器，窗内设有电动遮阳帘，侧窗外设有机车后视镜。在操纵台上仪表盘有 TCMS 显示器、____________、____________、____________、无线通信设备等，司机操纵台面上设有____________、____________、扳键开关组、按钮开关以及冰箱、暖风机、脚炉和膝炉等。

(2)请说明司机控制器是如何联锁的。

(3)题图 2-1 是 HXD3C 型电力机车司机操纵台左侧按钮开关，请写出编号的名称。

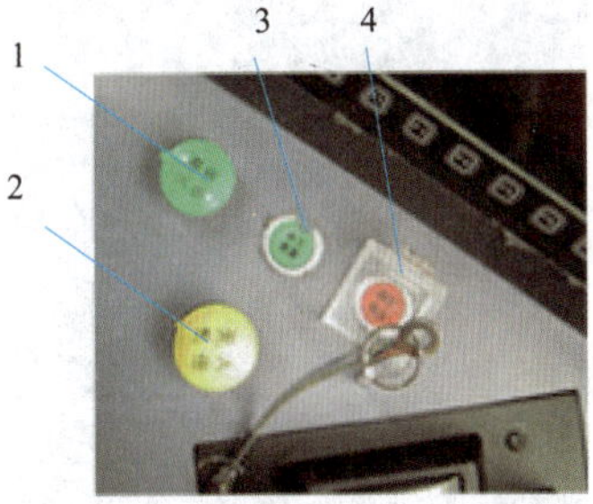

题图　2-1

1—________；2—________；3—________；4—________

(4)简述 HXD3C 型电力机车多功能状态仪表模块组成及作用。

续上表

(5)题图 2-2 是 HXD$_{3C}$ 型电力机车司机操纵台脚踏开关，请写出编号的名称。

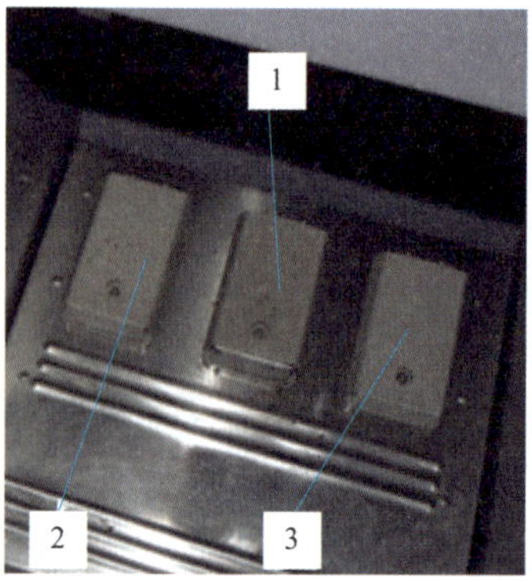

题图 2-2

1—________；2—________；3—________

(6)请观察题图 2-3，说明是什么装置？

题图 2-3

任务实施

一、安全防护准备

防护工具	检查内容
安全帽	有□,无□
手套	有□,无□
渡板检查	已检查,完好□

二、工具准备

工具明细表			
序号	名称	数量	是否完好
1	手电筒		
2	棉丝		
3	检查锤/小撬棍		

三、小组分工

序号	成员姓名	职责
1		检查
2		记录
3		班组长:安全监督,录像

四、检查记录单

司机室内部设备日常检查记录单

姓名：	班级：	学号：	同组人：
机车号			
检查对象			
检查对象/编号	检查内容/检查方法	检查内容	状态记录
司机室/（　　）	司机室门、窗（左右两侧）/（　　）	司机室侧门是否开闭灵活；门把手安装是否牢固；门锁是否具备锁闭作用	□ 司机室侧门开关灵活 □ 门把手安装牢固 □ 门锁作用正常 □ 司机室侧门有故障
		司机室侧窗锁闭器锁闭是否严密，玻璃有无破损，安装是否牢固	□ 司机室侧窗锁闭器正常 □ 玻璃完整 □ 玻璃安装牢固 □ 司机室侧窗有故障
	取暖器、灭火器（左右两侧）/（　　）	检查取暖器安装是否牢固	□ 取暖器安装牢固 □ 取暖器有破损
		灭火器安放稳固，铅封无破损，无欠压（压力表指针指向绿区）不超期	□ 灭火器安放稳固 □ 灭火器压力表指针指向绿区 □ 灭火器缺失 □ 灭火器压力不正常
	操纵台/（　　）	检查制动屏，清洁程度，制动屏安装牢固，屏面无划痕	□ 制动屏清洁，安装牢固，屏面无划痕 □ 制动屏污损 □ 制动屏安装松动
		检查微机屏，显示及触摸功能是否正常，触摸屏表面有无损伤	□ 微机屏清洁，安装牢固，屏面无划痕 □ 微机屏触摸功能正常 □ 微机屏污损
		检查多功能状态组合模块，安装牢固。状态指示灯自检全部能够闪亮	□ 多功能状态组合模块安装牢固 □ 状态指示灯自检全部能够闪亮 □ 多功能状态组合模块污损
		外观检查各扳键开关，扳键齐全，无机械损伤，扳键槽内无杂物	□ 扳键开关扳键齐全，无损伤 □ 扳键开关扳键槽内无杂物 □ 扳键开关扳键缺失 □ 扳键开关扳键槽内有杂物
		外观检查电子制动阀控制器，安装牢固，配件齐全	□ 制动阀控制器安装牢固 □ 制动阀控制器配件齐全 □ 制动阀控制器破损

续上表

检查对象/编号	检查内容/检查方法	检查内容	状态记录
司机室/（　　）	操纵台/（　　）	外观检查操纵台各按钮，配件齐全，动作无卡滞，安装牢固	□ 操纵台各按钮动作无卡滞 □ 操纵台各按钮配件齐全 □ 操纵台按钮有缺失、破损（　　）
		外观检查司机控制器，无破损，自锁作用正常	□ 司机控制器无破损 □ 司机控制器自锁作用正常 □ 司机控制器有故障（　　）
	操纵台下/（　　）	外观检查操纵台冰箱柜门锁闭，冰箱无破损；220 V 插座安装牢固，接线无过热、烧损	□ 冰箱柜无破损 □ 冰箱柜门锁闭 □ 220 V 插座安装牢固，无烧损 □ 冰箱柜有故障 □ 220 V 插座故障
		外观检查重联电话，重联电话部件齐全	□ 重联电话部件齐全 □ 重联电话部件缺失
		检查撒砂、无人警惕装置、风笛脚踏开关，安装牢固，配件齐全，无卡滞	□ 脚踏开关配件齐全 □ 脚踏开关无卡滞 □ 脚踏开关缺失 □ 脚踏开关故障
		外观检查操纵台电气柜，柜门锁闭	□ 操纵台电气柜无破损 □ 操纵台电气柜柜门锁闭 □ 操纵台电气柜故障
	司机室瞭望玻璃、遮阳帘、刮雨器/（　　）	外观检查瞭望玻璃，无裂纹、破损，无漏水痕迹	□ 瞭望玻璃，无裂纹、破损 □ 瞭望玻璃破损
		外观检查遮阳帘。升降无卡滞，无破损	□ 遮阳帘升降无卡滞，无破损 □ 遮阳帘故障
		外观检查刮雨器。安装牢固，刷片完好并与玻璃密贴	□ 刮雨器正常 □ 刮雨器故障
		外观检查双针压力表模块，安装牢固、无泄漏	□ 双针压力表正常 □ 双针压力表故障
	司机室座椅及司机室顶部/（　　）	外观检查司机室座椅，配件齐全，无破损，紧固螺栓无松动，调整灵活、作用到位，表面整洁	□ 司机座椅正常 □ 司机座椅故障
		外观检查司机室风扇，风扇罩安装牢固，外观清洁。风扇转动无异音	□ 司机室风扇正常 □ 司机室风扇故障

续上表

<table>
<tr><th>检查对象/
编号</th><th>检查内容/
检查方法</th><th>检查内容</th><th>状态记录</th></tr>
<tr><td rowspan="3">司机室/
(　　)</td><td rowspan="3">6A系统
音视频显
示终端及
视频摄像
头、防火探
测器/
(　　)</td><td>外观检查音视频显示终端外观无异常、安装螺栓紧固，表面清洁无灰尘。按键正常</td><td>□ 音视频显示终端外观无异常
□ 表面清洁无灰尘
□ 按键正常
□ 音视频显示终端异常</td></tr>
<tr><td>摄像头外观、安装牢固，镜头表面清洁</td><td>□ 摄像头正常
□ 摄像头故障</td></tr>
<tr><td>防火探测器安装牢固，表面清洁</td><td>□ 防火探测器正常
□ 防火探测器故障</td></tr>
<tr><td colspan="4">故障记录：</td></tr>
<tr><td colspan="3">检查时间：　年　月　日　时　分</td><td>检查人签字：</td></tr>
<tr><td colspan="2">记录人签字：</td><td colspan="2">班组长签字：</td></tr>
<tr><td>填表要求</td><td colspan="3">(1)检查对象编号按老师分配的具体任务编号填写，不能照抄照搬。
(2)检查内容的检查方法在对应(　　)中注明目视或手检。
(3)状态纪录按检查实际情况，在□内打“√”。
(4)故障记录栏填写发现的问题，填写规范、问题描述清晰，字迹书写清晰。
(5)签字项需填写全名，不得代签、涂改。</td></tr>
</table>

五、监督与考核

司机室内部设备日常检查监督考核表

记录人：				
序号	安全监督内容	记录	分值	得分
1	劳动保护及安全文明	□ 执行安全操作规程，佩戴安全帽、手套 □ 爱护设备及工具 □ 着装整洁；保持工作环境清洁	共 15 分 每缺少一项安全防护扣 5 分	
2	操作前将所需工具准备齐全	□ 工具齐全 □ 缺少工具（　　） □ 错选工具	共 10 分 每少一件工具扣 3 分 规格选错每件扣 3 分	
3	能按照检查标准要求规范进行检查	□ 能准确找到司机室各部件布置位置（10 分） □ 按检查标准和要求对司机室进行检查（15 分）	共 25 分 检查位置不正确、检查不标准不得分	
总　　计				

任务评价

司机室内部设备日常检查评价表

评价项目	评价内容	得分	评价主体
理论知识准备	（1）能说出机车司机室设备布置（10 分）		□ 师评 □ 自评 □ 互评
	（2）能分析重要部件的作用（10 分）		
实操检查过程	（1）检查表填写完整、清晰、工整（5 分）		□ 师评 □ 自评 □ 互评
	（2）检查过程有序（5 分）		
	（3）能够安全规范进行检查（50 分）		□ 师评 □ 自评 □ 互评
课堂表现	（1）知识引导部分填写完整（10 分）		□ 师评 □ 自评 □ 互评
	（2）小组贡献度（10 分）		
总　　分			

巩固练习

1. 简述 HXD3C 型电力机车司机室是如何布置的。

2. 在机车的两端各设有一个司机室,两个司机室的中间是________。

3. 看图填空(题图 2-4)。

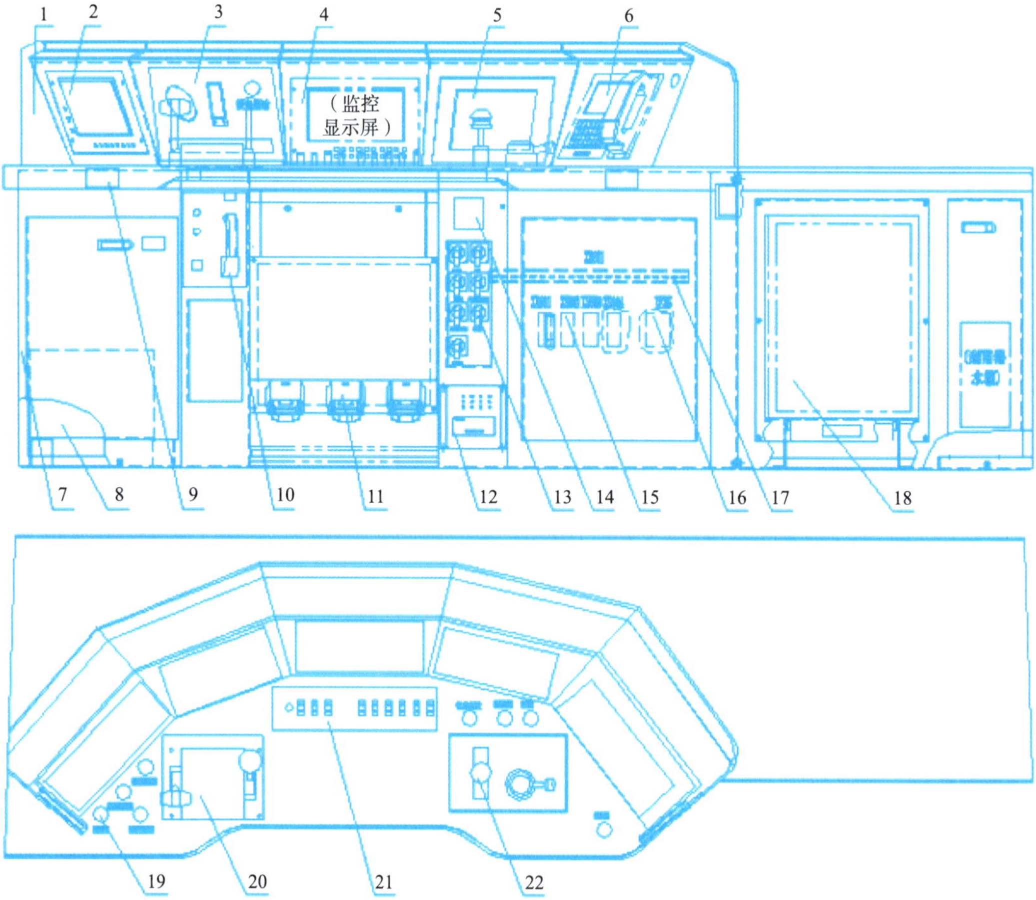

题图 2-4

1—________;2—________;3—________;4—________;

5—________;6—________;7—________;8—________;

9—________;10—________;11—________;12—________;

13—________;14—________;15—________;16—________;

17—________;18—________;19—________;20—________;

21—________;22—________

任务二　机械间设备日常检查

任务描述

电力机车的电气和机械设备主要布置在机械间内，任何一个设备出现问题都将影响行车安全。为防止行车事故的发生，按照 HXD3C 型电力机车日常检查作业要求，要进行 HXD3C 型电力机车日常检查，本任务日常检查的对象是机械间设备。

任务目标

1. 认识 HXD3C 型电力机车Ⅰ端机械间、Ⅱ端机械间和中央机械间所有电气和机械设备。
2. 明确 HXD3C 型电力机车机械间所有电气和机械设备的布置位置，能够对其进行编号。
3. 能够按 HXD3C 型电力机车机械间检查作业要求和标准对机械间设备进行检查。
4. 培养良好的职业习惯和团队协作精神。
5. 树立职业意识，培养安全意识、责任意识。

任务信息

HXD3C 型电力机车的两个司机室中间是机械间。在机械间内设有 600 mm 宽的中央通道，在通道左右两侧设有主变流装置、通风机、空气压缩机等设备。车内设备布置以平面斜对称布置为主，设备成套安装，有利于机车的重量分配和机车的制造、检修和部件的互换。

机械间分Ⅰ端机械间、Ⅱ端机械间和中央机械间。

机械间设备布置如图 2-4 所示，图 2-5 为实物图。

一、Ⅰ端机械间设备布置

Ⅰ端机械间紧邻Ⅰ端司机室，设备布置在中央走廊左右两侧，主要设备有低压电器柜、6A 主机柜、空气压缩机 1、空气干燥器 1、双管供风设备、机械间通风机 1、微机柜（TCMS 柜）、轮喷和风笛控制装置、升弓气阀板、控制电源柜（蓄电池充电装置、蓄电池柜）、滤波柜、牵引通风机 1、列车供电柜 1（客运机车）等。

1. Ⅰ端机械间左侧设备布置

Ⅰ端机械间左侧布置有低压电器柜、6A 主机柜、空气压缩机、空气干燥器、高压电器柜，机械间通风机位于空气压缩机正上方，如图 2-6 所示。此外，HXD3C 型电力机车在空气压缩机旁还加装双管供风设备。

（1）低压电器柜：机车控制电器柜将低压电路控制和保护用器件集成在内，主要实现对三相负载电路、单相负载电路中的部件进行故障保护和相应的逻辑控制，另外还实现入库动作、库内试验时的转换、一次侧过流反馈及电能损耗计量等功能。

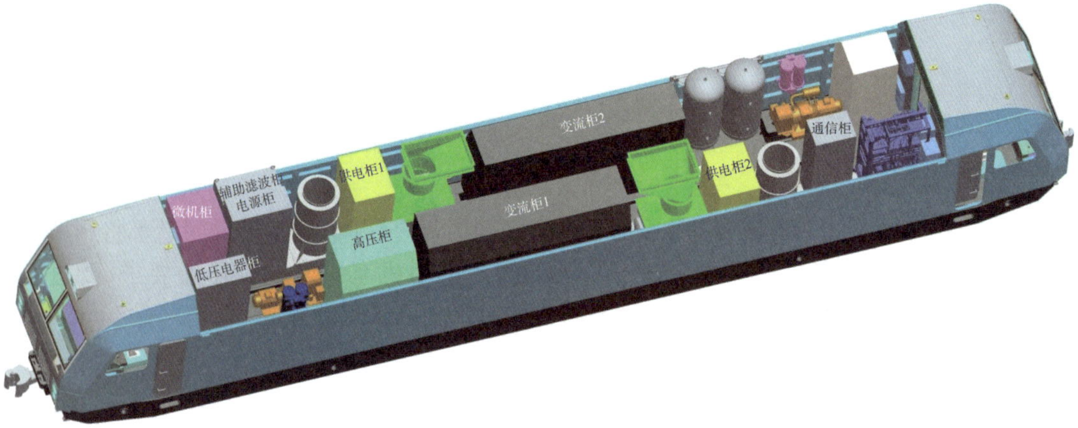

图 2-4　机械间设备布置总图

图 2-5　机械间设备实物图

(2)6A 主机柜:柜内装有机车车载安全防护系统(6A 系统)设备,包括电源、处理板卡、交换板卡、外部设备接口卡、CAN 隔离板卡、电源状态监测卡、机箱等。实现机车空气制动安全监测、防火监控、车顶设备高压绝缘检测、列车供电监测、走行部故障监测、视频监控及记录。

(3)端子柜:连接两端司机室及各个台柜间的控制线缆,通过端子柜 1、2 进行转接。

(4)空气压缩机:生产压缩空气,提供给全列车用风设备使用。

(5)空气干燥器:吸收压缩空气中的水分子,干燥压缩空气。

(6)机械间通风机:在机械间顶部布置了两个车体通风机,分别往机械间吹风,其主要作用,首先是保证机械间始终有一正压,约为 70 Pa;其次是保证提供空气压缩机、卫生间等所需的清洁空气；第三带走机械间电气设备所散发的热量。

(7)高压电器柜：除了两架受电弓和两台车顶避雷器位于车顶上部，6个接地装置安装在车轴端部，其余的网侧高压电器，如：主断路器、避雷器、高压隔离开关、高压接地开关、高压电流互感器、高压电压互感器等均装在高压电器柜中，从而可以避免雨雪、风沙、粉尘等侵蚀、污染而引起闪络击穿，降低维修成本，提高机车的可靠性。

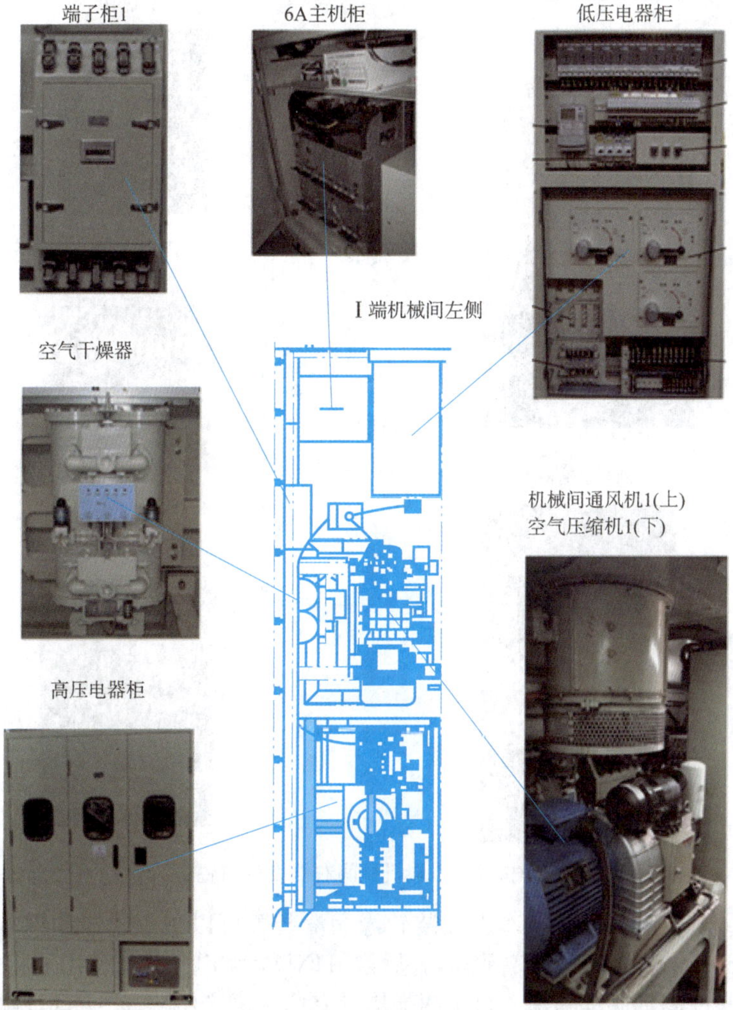

图 2-6　Ⅰ端机械间左侧设备布置

2. Ⅰ端机械间右侧设备布置

Ⅰ端机械间右侧布置有TCMS柜(微机柜)、轮喷和风笛控制装置、升弓气阀板、控制电源柜(蓄电池充电装置、蓄电池柜)、滤波柜、牵引通风机、列车供电柜(客运机车)，如图2-7所示。

(1)TCMS柜：柜内装有机车微机控制系统(TCMS)，具有对主变压器及异步电动机的实时控制、辅助变流器的实时控制、牵引/制动特性控制、传动系统的时序逻辑控制、故障监视和诊断等功能，并将有关信息送到司机操纵台上的微机显示屏。TCMS(监视系统)主要功能是实现动力车特性控制、逻辑控制、故障监视和诊断。

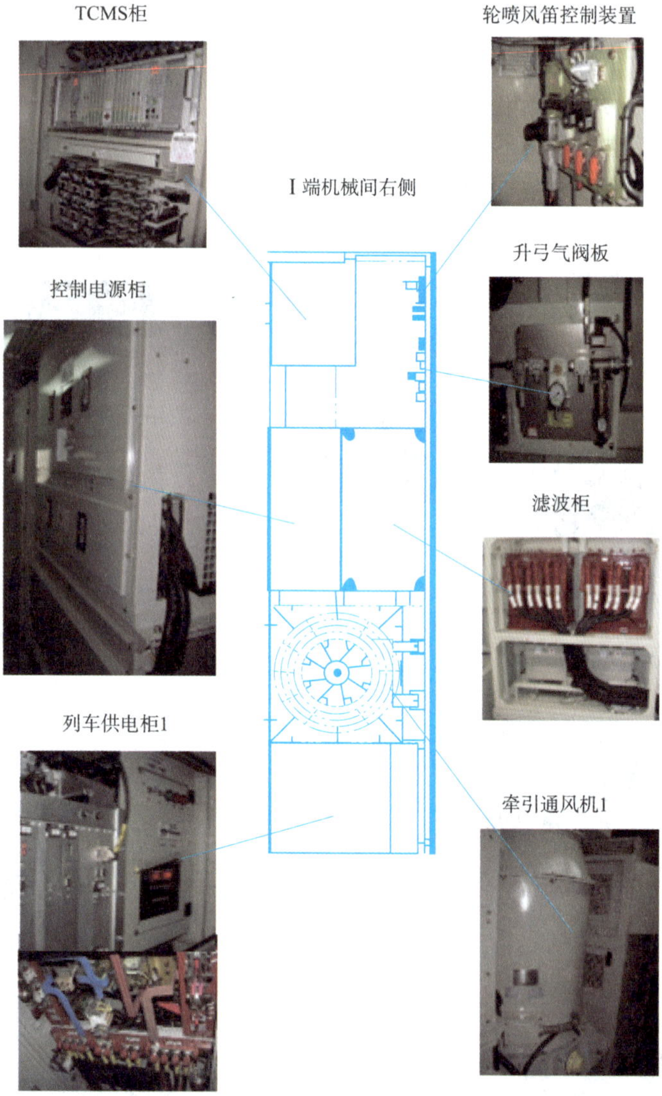

图 2-7　Ⅰ端机械间右侧设备布置

(2)轮喷、风笛控制装置:机车上安装轮缘润滑装置可以减少轮缘和钢轨磨耗,降低机车在曲线运行时的轮轨噪声,提高乘坐舒适性。HXD3C 型电力机车采用油脂式轮缘润滑方式,通过电磁阀控制油脂的喷涂。机车两端均设有两个高音喇叭、一个低音喇叭,由电空阀控制,电空阀由司机操纵台面板上的喇叭按钮、操纵台下的喇叭脚踏开关分别控制。喇叭控制采用高、低音单独控制方式。HXD3C 型电力机车将控制轮缘润滑及鸣笛的设备集成安装在一块气路板上,方便维护和检修。

(3)升弓气阀板:用于调节受电弓升、降弓时间和静态接触压力等参数及实现自动降弓功能。

(4)控制电源柜+蓄电池柜:控制电源柜是为机车提供稳定的 110 V 直流控制电源的重要设备,同时也兼做蓄电池充电机使用。蓄电池柜内布设 48 节蓄电池,在蓄电池充电机不工作的情况下为机车提供控制电源。

(5)滤波柜:用于安装滤波电抗器和滤波电容器。

(6)牵引通风机组:机械间设有 2 台牵引通风机。每一台牵引通风机从车顶吸风后,经过独立风道，吹向 3 台牵引电机，带走牵引电机工作时产生的热量。

(7)列车供电柜：机车设有 2 台列车直流供电柜，将来自主变压器列车供电绕组的单相交流电通过相控整流变换为稳定的 DC 600 V 直流电源，通过机车前后端部外接供电插座为车辆提供 DC 600 V 供电电源。

二、Ⅱ端机械间设备布置

Ⅱ端机械间紧邻Ⅱ端司机室，设备布置在中央走廊左右两侧，主要设备有列车供电柜 2、牵引通风机 2、第三方设备柜、制动屏柜、升弓风缸(2 个)、弹停风缸(1 个)，升弓阀板 2、轮喷与风笛控制装置 2、主风缸(2 个)、空气压缩机、机械间通风机、空气干燥器、端子柜、卫生间等。

1. Ⅱ端机械间左侧设备布置

Ⅱ端机械间左侧布置有列车供电柜 2(客运机车)、牵引通风机 2、第三方设备柜、制动屏柜、升弓风缸(2 个)、弹停风缸(1 个)，升弓阀板 2 和轮喷与风笛控制装置 2 布置在升弓风缸和弹停风缸的上方，如图 2-8 所示。

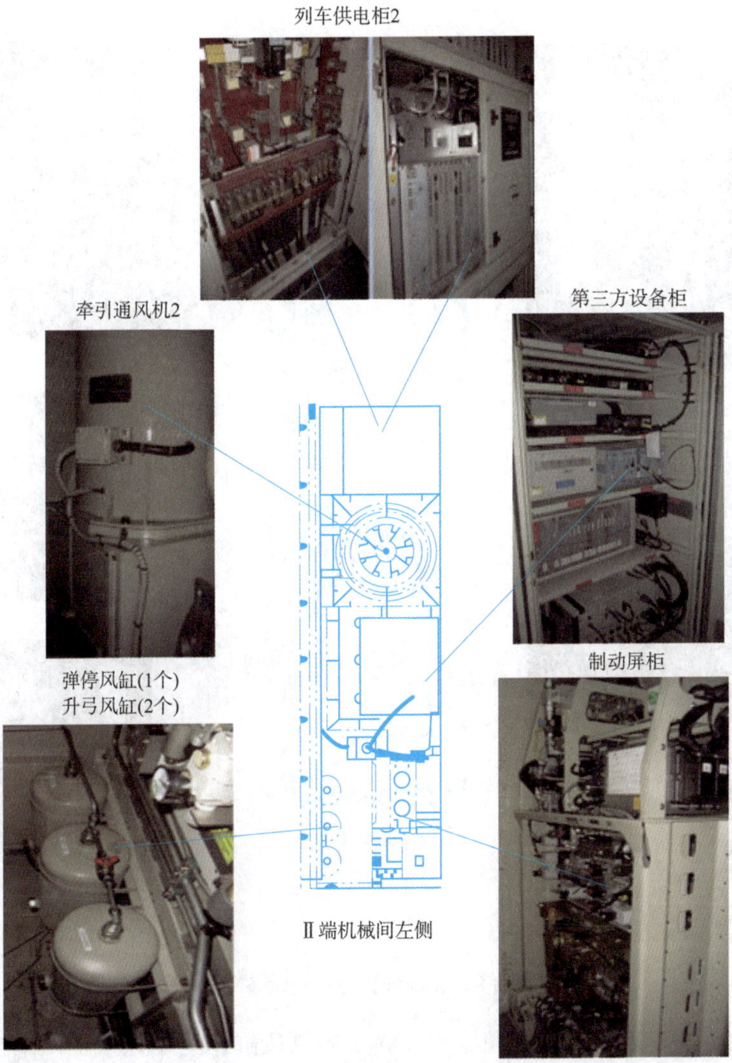

图 2-8　Ⅱ端机械间左侧设备布置

(1)第三方设备柜：主要安装了机车的信号机、LKJ2000 型列车运行监控系统、TAX2 箱、CIR 机车综合无线通信设备等，实时提供机车的标识、属性、位置信息，安全控制列车速度，采集记录与列车安全运行有关的各种机车运行状态信息，并与地面进行无线通信。

(2)制动屏柜：集成了空气制动机和空气管路系统相关部件以及 MVB 网络的相关连接端子，为机车空气制动系统的核心组成部件；其上还装有机车安全联锁钥匙开关。

(3)升弓风缸(辅助风缸)：一方面为升弓储存压缩空气，另一方面在主断路器分合闸操作而引起压力波动时，稳定升弓管路内风压，以防出现拉弧。

(4)弹停风缸：为缓解弹停制动力储存压缩空气的容器。

2. Ⅱ端机械间右侧设备布置

Ⅱ端机械间右侧布置有总风缸、空气压缩机、空气干燥器、端子柜、卫生间，如图 2-9 所示，在空气压缩机 2 上方布置机械通风机 2，附近靠近卫生间方向同样加装有客车专用双管供风装置 2。

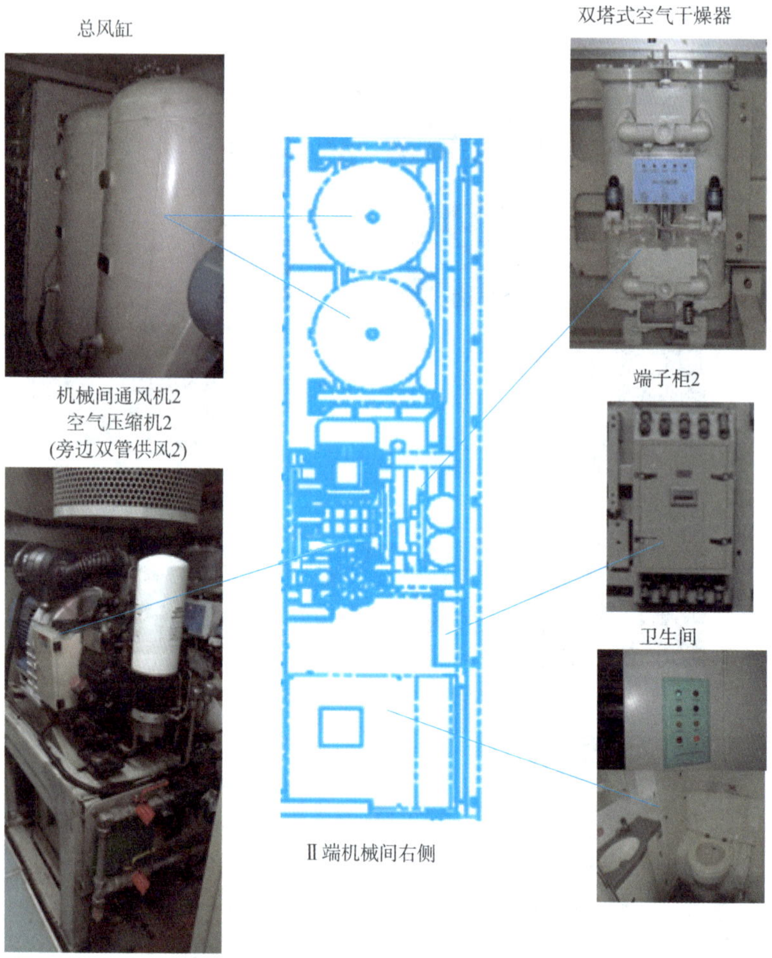

图 2-9　Ⅱ端机械间右侧设备布置

(1)总风缸：机车采用两个容积各为 800 L 的总风缸作为干燥后的压缩空气的储存容器，两个总风缸之间通过单向阀连接。

(2)双管供风装置:为满足向旅客列车提供 600 kPa 风源的要求加装双管供风装置,为旅客列车的空气弹簧、风动门和真空集便器提供风源。

(3)卫生间:机车的机械间内设有用于司乘人员盥洗的整体卫生间。卫生间内装有坐便器、洗手台、水箱、镜子、加热器、真空泵和污物箱等设备。

三、中央机械间

中央机械间位于Ⅰ端机械间和Ⅱ端机械间之间,布置主要设备有主变流装置(包括牵引变流器和辅助变流器)2 个和复合冷却塔 2 个,斜对称布置在中央走廊的左右两侧,如图 2-10 所示。

(1)复合冷却塔:机车设有 2 台复合冷却塔,主要由复合冷却通风机、油/水散热器、水泵等设备组成。通过冷却塔通风机从车顶吸风,先通过封闭的水回路冷却牵引变流器的水温,然后通过封闭的油回路冷却牵引变压器的油温。

(2)牵引变流器:每台机车有 2 个牵引变流器,牵引变流器从牵引变压器二次侧牵引绕组取电,通过整流和逆变,为牵引电机提供三相电源。

(3)辅助变流器:每台机车有 2 个辅助变流器,辅助变流器从牵引变压器二次侧辅助绕组取电,通过整流和逆变,为机车辅助系统所有负载提供三相电源。

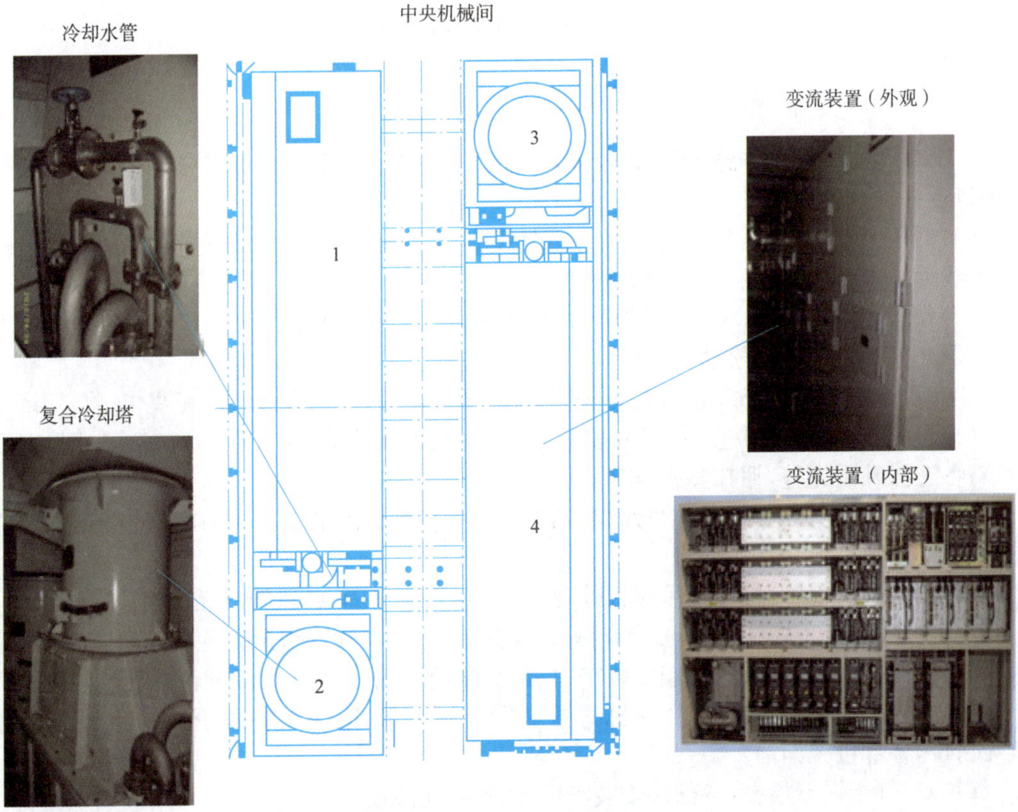

图 2-10　中央机械间设备布置

1—主变流装置 1;2—复合冷却塔 2;3—复合冷却塔 1;4—主变流装置 2

四、其他

在机械间中央走廊上方，有走廊灯、烟感探测器、温感探测器、监控摄像头。机械间正上方中央车顶盖上还有登上车顶作业用的车顶门（检修天窗），为确保安全，车顶门设有钥匙联锁装置，如图 2-11 所示。

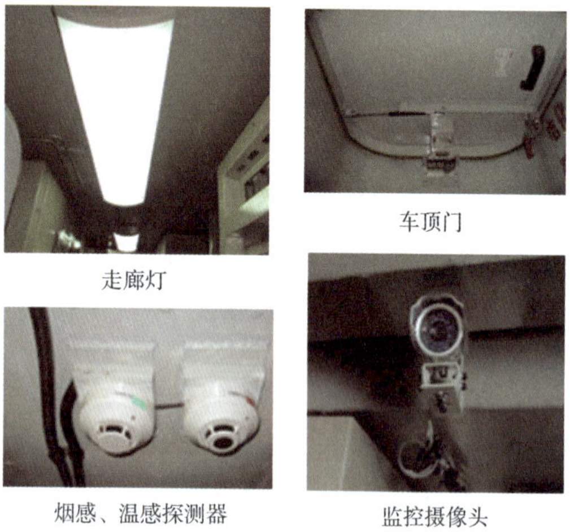

图 2-11　走廊上方设备设施

五、机械间设备日常检查主要内容

HXD_{3C} 型电力机车机械间设备较多，日常检查中作为比较重要的检查项目，需要按顺序进行逐一检查。

（1）低压电器柜检查：柜体内外及各电气设备清洁无灰尘；所有安装螺栓无破损、无松动；导线无烧损、绝缘无老化，接线无松动。

（2）端子柜检查：端子柜内外清洁，柜门无破损、无变形，柜门锁性能良好，各连线外观完整，捆扎整齐、牢固、无松动、无变色。

（3）6A 主机柜检查：6A 主机柜各安装螺栓、卡子牢固，机箱表面清洁无灰尘。

（4）摄像头、探测器检查：摄像头安装牢固，镜头表面清洁；防火探测器安装牢固，表面清洁；各连线外观完整，捆扎整齐、牢固。

（5）TCMS 柜（微机柜）整体外观检查：TCMS 柜（微机柜）铅封完好；随车物品定置定位图张贴牢固，无破损、丢失。

（6）升弓阀板检查：检查升弓阀板外观，各部件安装牢固，各风管路无破损。

（7）轮缘润滑和鸣笛控制装置检查：外观检查气路板，各阀管路无破损，各部件安装牢固。

（8）控制电源装置检查：外盖安装牢固，无变形，各可见电气元件无变色，接线牢固。

（9）空气压缩机检查：空气压缩机的机体无裂纹、变形，附件无缺失，所有安装螺栓防缓线无错位，各部位无漏油。

（10）空气干燥器检查：各部件安装牢固，风管路无破损。

（11）高压柜柜体检查：柜体安装牢固，柜门无破损、无变形，柜体表面清洁无灰尘；安全联锁钥匙箱钥匙齐全。

（12）牵引通风机组检查：牵引通风机组各安装螺栓防缓线无错位；外部线路无过热、烧损、折损。

(13)列车供电柜检查:列车供电柜各部件接线牢固,安装螺栓防缓线无错位。

(14)复合冷却塔检查:复合冷却器螺栓安装牢固;复合冷却器风机接线,无松动、过热、烧损、接磨现象。

(15)冷却水管检查:水管法兰螺栓安装牢固,无泄漏,流量计指针正常。

(16)变流柜检查:变流柜各安装螺栓牢固;冷却液液面在中刻线以上。

(17)总风缸检查:总风缸安装牢固,无泄漏;排水彻底,排水阀安装牢固。

(18)第三方设备柜:柜体内外清洁,柜门锁闭,无破损。

(19)制动屏柜检查:外观检查各电气部件接线、插头连接牢固;外观检查各塞门位置;外观检查各部件安装,各部件安装牢固,螺栓无松动。

(20)卫生间检查:卫生间门锁闭灵活;水、风管路无泄漏,清洁无积水,无异味。照明灯、排气扇、加热装置工作正常。上水、排污功能正常。

(21)走廊灯检查:检查走廊灯外观,各灯罩安装牢固、无破损,灯泡明亮。

六、机械间日常检查作业指导书

HXD3C型电力机车机械间日常检查作业指导书

序号	检查项目	检查方法	图示说明	检查要求及标准
1	低压电器柜检查	目视 手触		柜体内外及各电气设备清洁无灰尘;所有安装螺栓无破损、无松动;导线无烧损,绝缘无老化,接线无松动
2	端子柜检查	目视 手触		端子柜内外清洁,柜门无破损、无变形,柜门锁性能良好,各连线外观完整,捆扎整齐、牢固、无松动、无变色

续上表

序号	检查项目	检查方法	图示说明	检查要求及标准
3	6A 主机柜检查	目视 手触		6A 主机柜各安装螺栓、卡子牢固，机箱表面清洁无灰尘
4	监控摄像头、防火探测器检查	目视 手触	 	(1)摄像头外观、安装牢固，镜头表面清洁 (2)防火探测器安装牢固，表面清洁 (3)各连线外观完整，捆扎整齐、牢固
5	TCMS 柜(微机柜)检查	目视 手触	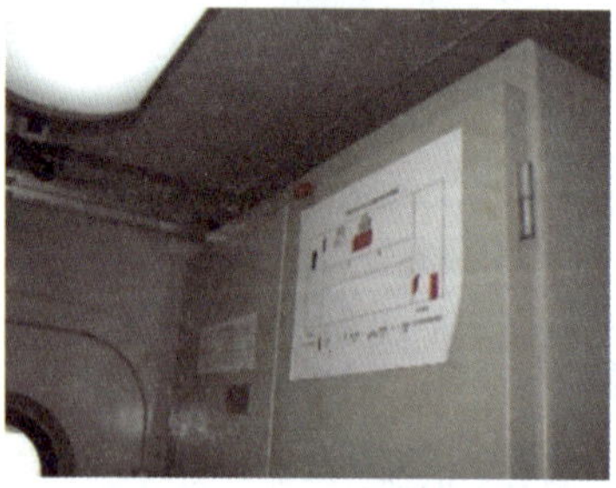	TCMS 柜(微机柜)铅封完好；随车物品定置定位图张贴牢固，无破损、丢失
6	升弓阀板检查	目视 手触		外观检查升弓阀板，各部件安装牢固，各风管路无破损

续上表

序号	检查项目	检查方法	图示说明	检查要求及标准
7	轮缘润滑和鸣笛控制装置检查	目视 手触	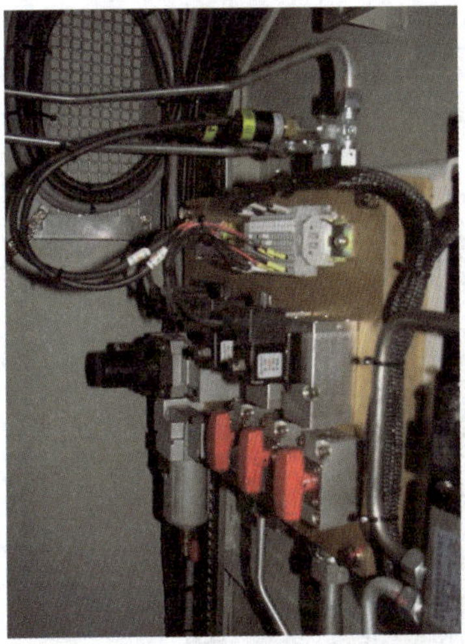	外观检查气路板，各阀风管路无破损，各部件安装牢固
8	控制电源装置检查	目视 手触	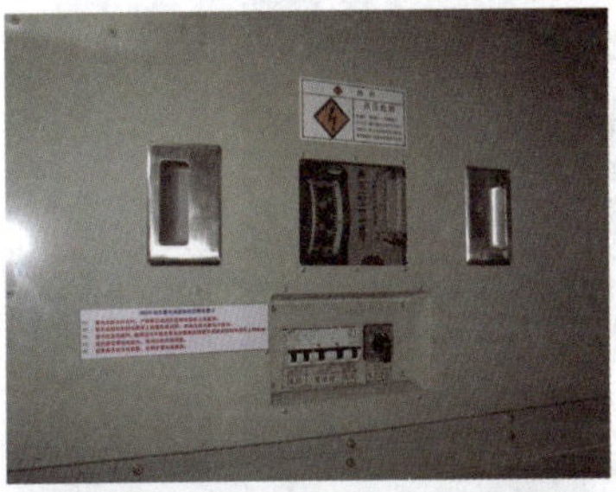 	外盖安装牢固，无变形，各可见电气元件无变色，接线牢固
9	空气压缩机检查	目视 手触	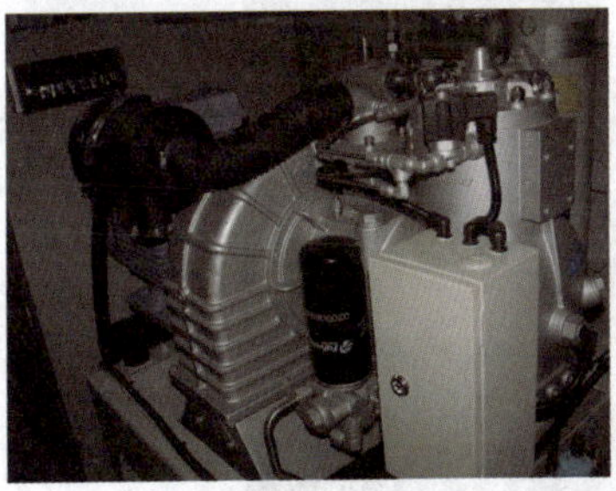	空气压缩机的机体无裂纹、变形，附件无缺失，所有安装螺栓防缓线无错位，各部位无漏油

续上表

序号	检查项目	检查方法	图示说明	检查要求及标准
10	空气干燥器检查	目视 手触	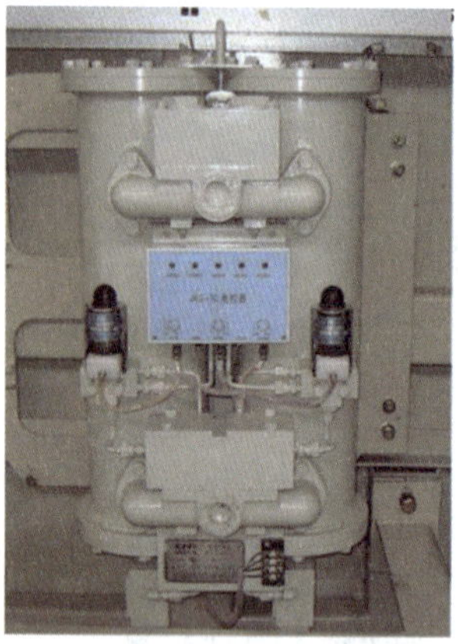	各部件安装牢固，风管路无泄漏
11	高压电器柜检查	目视 手触	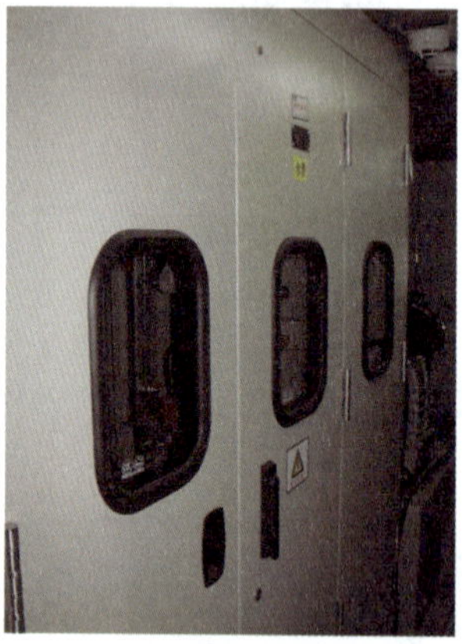 	(1)柜体安装牢靠牢固，柜门无破损、变形，柜体表面清洁无灰尘 (2)安全联锁钥匙箱钥匙齐全
12	牵引通风机检查	目视 手触		外观检查牵引通风机组，各安装螺栓防缓线无错位；外部线路无过热、烧损、折损

续上表

序号	检查项目	检查方法	图示说明	检查要求及标准
13	列车供电柜检查	目视 手触	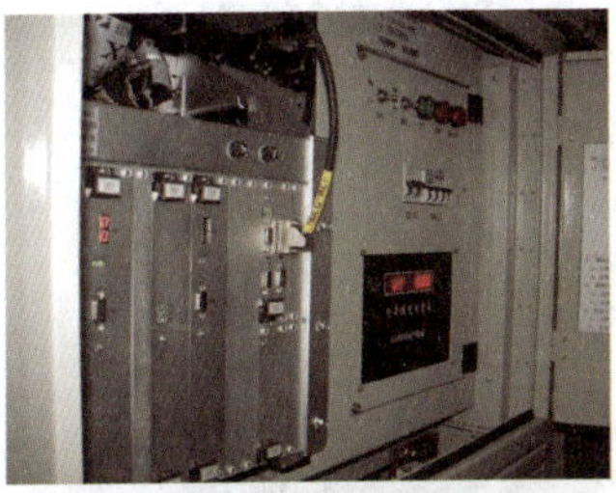 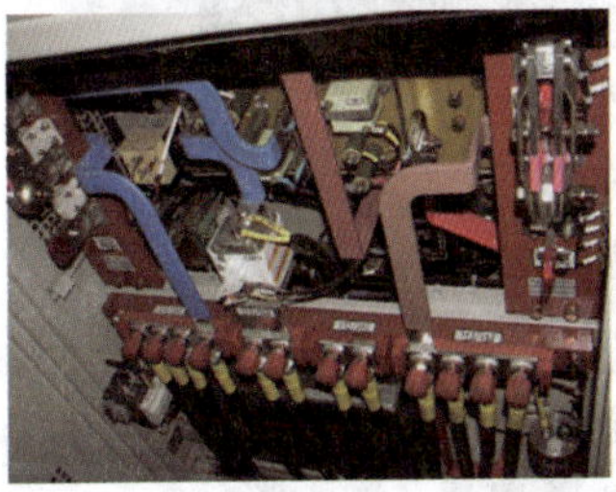	外观检查列车供电柜各部件，接线牢固
14	复合冷却塔检查	目视 手触		(1)外观检查复合冷却器螺栓安装牢固 (2)外观检查复合冷却器风机接线，无松动、过热、烧损、接触磨损现象
15	冷却水管检查	目视 手触		外观检查水管法兰螺栓安装牢固、无泄漏，流量计指针正常

续上表

序号	检查项目	检查方法	图示说明	检查要求及标准
16	变流装置检查	目视	 	外观检查变流柜，安装螺栓牢固。冷却液液面在中刻线以上
17	总风缸检查	目视	 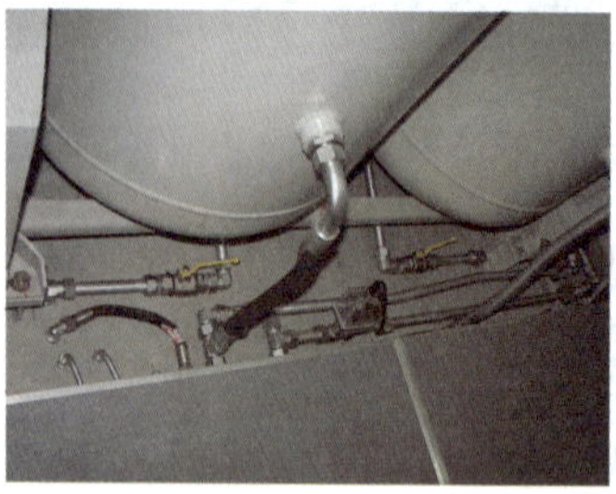	外观检查总风缸，安装牢固，无泄漏；排水彻底，排水阀安装牢固

续上表

序号	检查项目	检查方法	图示说明	检查要求及标准
18	第三方设备(通信)柜	目视		柜体内外清洁,柜门锁闭,无破损
19	制动屏柜检查	目视	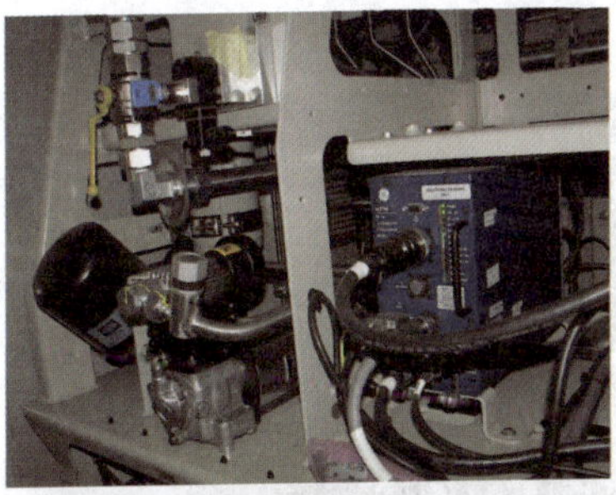 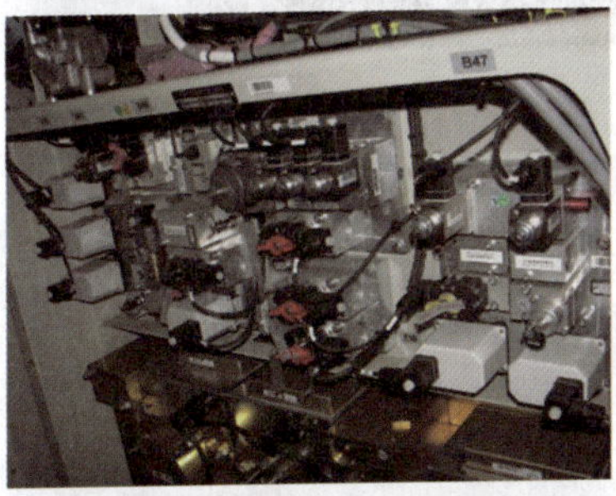 	(1)外观检查各电气部件接线、插头连接牢固。指示灯均为绿色灯亮,无红色灯亮 (2)外观检查各塞门位置 (3)外观检查各部件安装,各部件安装牢固,螺栓无松动

续上表

序号	检查项目	检查方法	图示说明	检查要求及标准
20	卫生间检查	目视		外观检查卫生间，门锁闭灵活；水、风管路无泄漏，清洁无积水，无异味。照明灯、排气扇、加热装置工作正常。上水、排污功能正常
21	走廊灯检查	目视		外观检查走廊灯，各灯罩安装牢固、无破损，灯泡明亮

知识引导

机械间设备日常检查知识学习引导

日期		班级	
姓名		学号	

(1)观察题图 2-5 所示机械间设备布置,根据设备编号标注出对应设备名称。

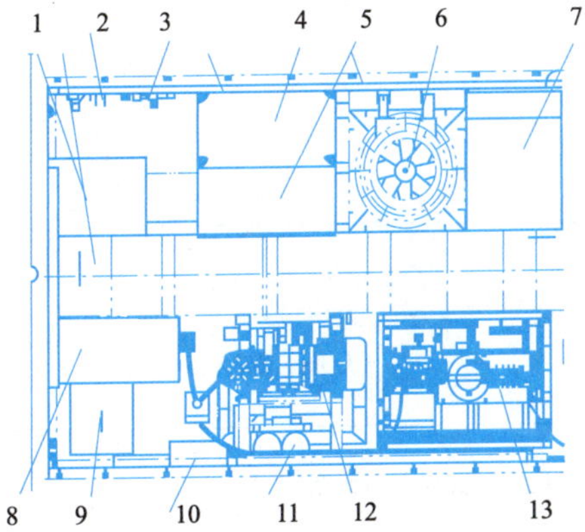

题图　2-5

1—________;2—________;3—________;
4—________;5—________;6—________;
7—________;8—________;9—________;
10—________;11—________;12—________;
13—________

(2)观察题图 2-6 所示机械间设备布置,根据设备编号标注出对应设备名称。

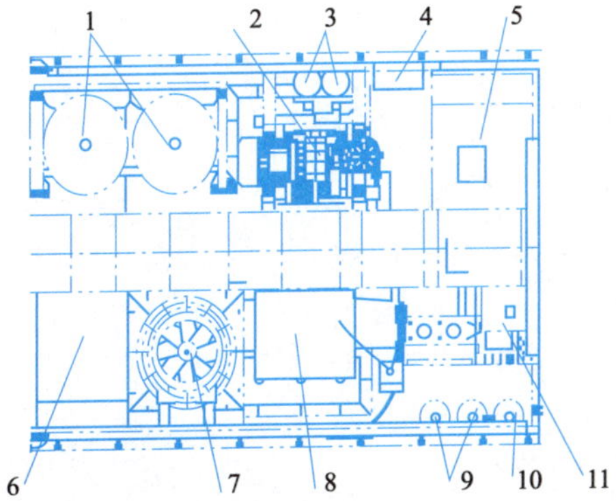

题图　2-6

1—________;2—________;3—________;
4—________;5—________;6—________;
7—________;8—________;9—________;
10—________;11—________

续上表

(3)观察题图 2-7 所示机械间设备布置,根据设备编号标注出对应设备名称。

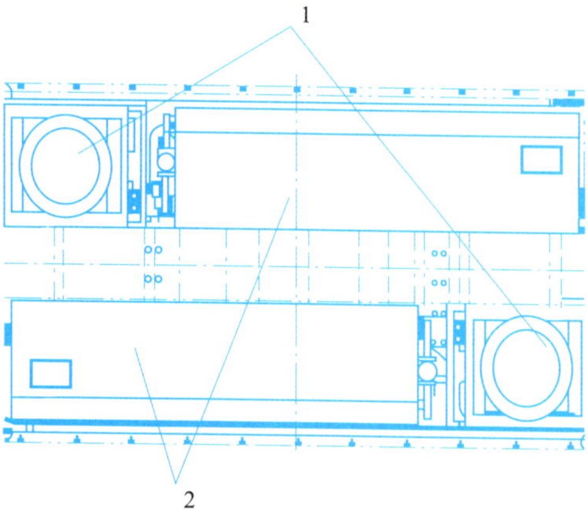

题图 2-7

1—____________________;2—____________________

(4)牵引通风机布置在机械间什么位置?其作用是什么?

(5)空气压缩机布置在机械间什么位置?其作用是什么?

(6)空气干燥器布置在机械间什么位置?其作用是什么?

(7)机械间设备日常检查要点是什么?

任务实施

一、安全防护准备

防护工具	检查内容
安全帽	有□，无□
手套	有□，无□
渡板检查	已检查，完好□

二、工具准备

工具明细表			
序号	名称	数量	是否完好
1	手电筒		
2	棉丝		
3	检查锤/小撬棍		

三、小组分工

序号	成员姓名	职责
1		检查
2		记录
3		班组长：安全监督，录像

四、检查记录单

机械间设备日常检查记录单

班级：	姓名：	学号：	同组人：
机车号			
检查对象			
检查对象/编号	检查内容/检查方法	检查内容	状态记录
低压电器柜/ (　　)	外观状态/ (　　)	清洁无灰尘；安装螺栓无破损、无松动；导线无烧损，绝缘无老化，接线无松动	☐ 状态良好 ☐ 有灰尘 ☐ 螺栓有破损松动 ☐ 导线有烧损 ☐ 绝缘有老化 ☐ 接线有松动
端子柜/ (　　)	外观状态/ (　　)	清洁无灰尘；柜门无破损、无变形，柜门锁性能良好，各连线外观完整，捆扎整齐、牢固，无松动、无变色	☐ 状态良好 ☐ 有灰尘 ☐ 柜门有破损、变形 ☐ 门锁卡滞 ☐ 连线捆扎不牢固 ☐ 连线有松动 ☐ 连线有变色
6A 主机柜/ (　　)	外观状态/ (　　)	各安装螺栓、卡子牢固，机箱表面清洁无灰尘	☐ 状态良好 ☐ 螺栓松动 ☐ 有灰尘
摄像头探测器/ (　　)	外观状态/ (　　)	安装牢固，表面清洁，各连线完整，捆扎整齐、牢固	☐ 状态良好 ☐ 连线松脱 ☐ 有灰尘
微机柜/ (　　)	外观状态/ (　　)	铅封完好，定位图张贴牢固，无破损丢失	☐ 状态良好 ☐ 铅封破损 ☐ 定位图破损
低压电升弓阀板/ (　　)	外观状态/ (　　)	各部件安装牢固，各风管路无破损	☐ 状态良好 ☐ 安装松脱 ☐ 风管路破损
轮润鸣控装置/ (　　)	外观状态/ (　　)	各部件安装牢固，各风管路无破损	☐ 状态良好 ☐ 安装松脱 ☐ 风管路破损
控制电源装置/ (　　)	外观状态/ (　　)	外盖安装牢固，无变形，各可见电气元件无变色，接线牢固	☐ 状态良好 ☐ 外盖松脱变形 ☐ 电气元件变色，接线松脱

续上表

检查对象/编号	检查内容/检查方法	检查内容	状态记录
空气压缩机/（　　）	外观状态/（　　）	空气压缩机的机体无裂纹、变形，所有安装螺栓防缓线无错位，各部位无漏油	□ 状态良好 □ 机体有裂纹、变形 □ 附件有缺失 □ 螺栓松脱错位 □ 有漏油
空气干燥器/（　　）	外观状态/（　　）	各部件安装牢固，风管路无泄漏	□ 状态良好 □ 螺栓松脱错位 □ 有泄漏
高压电器柜/（　　）	外观状态/（　　）	柜体安装牢靠牢固，柜门无破损、变形，柜体表面清洁无灰尘；钥匙箱钥匙齐全	□ 状态良好 □ 柜门有破损、变形 □ 有灰尘 □ 钥匙有缺失
牵引通风机/（　　）	外观状态/（　　）	各安装螺栓防缓线无错位；外部线路无过热、烧损、折损	□ 状态良好 □ 螺栓松脱错位 □ 接线有烧损、折损
列车供电柜/（　　）	外观状态/（　　）	各部件接线牢固	□ 状态良好 □ 接线有松脱
复合冷却塔/（　　）	外观状态/（　　）	螺栓安装牢固，接线，无松动、过热、烧损、接触磨损现象 水管法兰螺栓安装牢固，流量计指针正常	□ 状态良好 □ 接线有松脱、烧损、接磨 □ 螺栓有松脱 □ 流量计指针异常
变流装置/（　　）	外观状态/（　　）	安装螺栓牢固。冷却液液面在中刻线以上	□ 状态良好 □ 螺栓有松脱 □ 液面位置异常
总风缸/（　　）	外观状态/（　　）	安装牢固，无泄漏；排水彻底，排水阀安装牢固	□ 状态良好 □ 螺栓有松脱 □ 风管有泄漏 □ 排水阀有冰堵
第三方设备柜/（　　）	外观状态/（　　）	柜体内外清洁，柜门锁闭良好，无破损	□ 状态良好 □ 有灰尘 □ 柜门有破损
制动屏柜/（　　）	外观状态/（　　）	接线、插头连接牢固。指示灯均为绿色灯亮，无红色灯亮；各塞门位置正确；各部件安装牢固，螺栓无松动	□ 状态良好 □ 接线有松脱 □ 螺栓有松脱 □ 指示灯异常 □ 塞门位置错误

续上表

<table>
<tr><td>检查对象/编号</td><td>检查内容/检查方法</td><td colspan="2">检查内容</td><td colspan="2">状态记录</td></tr>
<tr><td>卫生间/
(　　)</td><td>外观状态/
(　　)</td><td colspan="2">门锁闭灵活;水、风管路无泄漏,清洁无积水,无异味。照明灯、排气扇、加热装置工作正常。上水、排污功能正常</td><td colspan="2">□ 状态良好
□ 水管有泄漏
□ 风管有泄漏
□ 照明灯不亮
□ 排风扇异常
□ 加热装置异常
□ 上水功能异常
□ 排污功能异常</td></tr>
<tr><td>走廊灯/
(　　)</td><td>外观状态/
(　　)</td><td colspan="2">各灯罩安装牢固、无破损,灯泡明亮</td><td colspan="2">□ 状态良好
□ 螺栓有松脱
□ 灯泡损坏</td></tr>
<tr><td colspan="6">故障记录:</td></tr>
<tr><td colspan="5">检查时间:　年　月　日　时　分</td><td>检查人签字:</td></tr>
<tr><td colspan="3">记录人签字:</td><td colspan="3">班组长签字:</td></tr>
<tr><td>填表要求</td><td colspan="5">(1)检查对象编号按老师分配的具体任务编号填写,不能照抄照搬。
(2)检查内容的检查方法在对应(　　)中注明目视或手检。
(3)状态纪录按检查实际情况,在□内打"√"。
(4)故障记录栏填写发现的问题,填写规范、问题描述清晰,字迹书写清晰。
(5)签字项需填写全名,不得代签、涂改。</td></tr>
</table>

五、监督与考核

机械间设备日常检查监督考核表

班级：		姓名：	学号：	同组人：
记录人：				
序号	安全监督内容	记录	分值	得分
1	劳动保护及安全文明	□ 执行安全操作规程，佩戴安全帽、手套 □ 爱护设备及工具 □ 着装整洁；保持工作环境清洁	共 10 分 每缺少一道安全防护扣 5 分	
2	操作前将所需工具准备齐全	□ 工具齐全 □ 缺少工具（　　） □ 错选工具	共 10 分 每少一件工具扣 3 分 规格选错每件扣 3 分	
3	能按照检查标准要求规范进行检查	□ 能根据编号准确找到设备在机械间的布置位置 □ 按检查标准和要求对机械间指定设备进行检查 □ 按要求认真填写检查记录单	共 30 分 每完成一项规定设备检查得 2 分 检查位置不正确、检查不标准不得分	
总　计				

任务评价

机械间设备日常检查评价表

班级：	姓名：	学号：	同组人：
评价项目	评价内容	得分	评价主体
理论知识准备	（1）能说出机械间各个设备名称（10 分）		□ 师评 □ 自评 □ 互评
	（2）能描述空气压缩机和空气干燥器的作用（10 分）		
实操检查过程	（1）检查表填写完整、清晰、工整（5 分）		□ 师评 □ 自评 □ 互评
	（2）检查过程有序（5 分）		
	（3）能够安全规范进行检查（50 分）		□ 师评 □ 自评 □ 互评
课堂表现	（1）知识引导部分填写完整（10 分）		□ 师评 □ 自评 □ 互评
	（2）小组贡献度（10 分）		
总　分			

巩固练习

一、填空题

1. 机车上安装轮缘润滑装置可以减少________和钢轨磨耗，降低机车在曲线运行时的________噪声，提高乘坐舒适性。

2. 列车供电柜通过机车前后端部外接供电插座为车辆提供________V供电电源。

3. 第三方设备柜实时提供机车的标识、属性、位置信息，安全控制列车速度，采集记录与列车安全运行有关的各种机车运行状态信息，并与地面进行__________。

4. __________集成了空气制动机和空气管路系统相关部件以及MVB网络的相关连接端子，为机车空气制动系统的核心组成部件。

二、选择题

1. 生产压缩空气的设备是(　　)。

A. 空气压缩机　　B. 空气干燥器　　C. 总风缸

2. HXD3C型电力机车每台牵引通风机可以冷却(　　)牵引电机。

A. 1台　　B. 2台　　C. 3台

3. HXD3C型电力机车网侧高压电器主要布置在(　　)内。

A. 低压电器柜　　B. 高压电器柜　　C. 列车供电柜

4. 能为机车提供稳定的110 V直流控制电源的重要设备是(　　)。

A. 列车供电柜　　B. 控制电源柜　　C. 变流柜

5. 通过整流和逆变，为牵引电机提供三相电源的设备是(　　)。

A. 牵引变流器　　B. 辅助变流器　　C. 蓄电池

6. Ⅰ端机械间和Ⅱ端机械间都有的设备是(　　)。

A. 低压电器柜　　B. 高压电器柜　　C. 列车供电柜

三、判断题

1. HXD3C型电力机车有6台牵引通风机。(　　)

2. HXD3C型电力机车有2台复合冷却塔。(　　)

3. HXD3C型电力机车通过列车供电柜向车辆提供风源。(　　)

4. 空气压缩机压缩的空气由车体通风机提供。(　　)

5. HXD3C型电力机车主变流器位于中央机械间内。(　　)

6. 总风缸位于Ⅰ端机械间，控制风缸位于Ⅱ端机械间。(　　)

7. 制动屏柜位于Ⅱ端机械间。(　　)

四、简答题

1. 简述牵引通风机的作用。

2. 空气压缩机和空气干燥器的作用各是什么？

3. HXD3C 型电力机车Ⅰ端机械间和Ⅱ端机械间都有的设备是什么？

4. 总结 HXD3C 型电力机车机械间设备的日常检查要点。

任务三　通风系统日常检查

任务描述

电力机车上很多电气设备在工作过程中会产生大量的热，如果不及时散掉，就要引起温度的升高，温升过高则将影响电气设备的正常工作，甚至设备烧坏，引起火灾。为此，机车上设有通风冷却系统，使电气设备及时降温。为保证发热电气设备正常工作，按照 HXD3C 型电力机车日常检查作业要求，要进行 HXD3C 型电力机车日常检查，本任务日常检查的对象是通风系统。

任务目标

1. 明确电力机车需要强制冷却的电气设备，掌握通风系统的作用。
2. 能够对被冷却设备进行编号，会分析各个通风支路气路走向。
3. 能够按 HXD3C 型电力机车通风系统检查作业要求和标准进行检查。
4. 培养良好的职业习惯和团队协作精神。
5. 树立职业意识，培养安全意识、责任意识。

任务信息

一、通风系统的作用

电力机车上很多电气设备在工作时会产生大量的热，这些热量如不能及时散掉，就会引起温度的升高；温升过高则将影响设备的正常工作，以致设备的烧坏，甚至引起火灾。尤其一些大型的电气设备，如牵引变压器、牵引电机、牵引变流器、平波电抗器等，它们在工作时要产生大量的热量，单纯依靠自然冷却方式，远远不能满足散热的需要。为了保证这些设备的正常工作，必须装设专门的通风冷却装置，对这些设备进行强制性散热冷却，保证它们工作时的温度维持在允许的温度以下。

由于需要强制冷却的电气设备数量较多，它们又都分散布置在车体内外的不同部位，所以就需要将这些电气设备就近分为若干个组，分别采用适当的通风机组，安装适当的冷却风道，共同构成一个布置合理，适合需要的通风冷却系统。当机车运行时，这个系统也同时工作，以满足通风冷却的需要，保证各种电气设备的正常运行。

另外，HXD3C 型电力机车的通风系统还有司机室空调、机械间换气、卫生间通风等装置，以给司乘人员提供一个舒适的工作环境。

二、通风系统组成及通风气路走向

HXD3C 型电力机车通风系统主要包括：牵引电机通风、主变压器与牵引变流器冷却的复合冷却通风、辅助变流器通风、司机室通风、空气压缩机通风、卫生间和机械间通风等通风系统。

HXD3C 型电力机车的通风系统采用独立通风方式，按机车纵向中心线斜对称布置在中间走廊两侧。

司机室通风系统布置在两端司机室内。各通风系统有各自相对独立的通风部件和风道，各通风系统相互不影响，进风量均匀，不需进行风量再分配。

HXD3C 型电力机车通风系统如图 2-12 和图 2-13 所示。

思考：牵引电机位于机车转向架上，车体和转向架之间存在相对运动，如何把冷却风送到转向架上又不受冲击振动的影响？

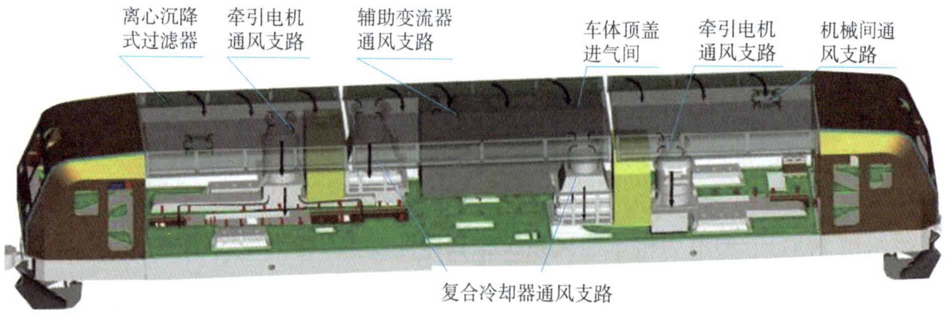

图 2-12　通风支路布置图

1. 牵引电机通风系统

HXD3C 型电力机车的牵引电机通风系统由两台通风机来完成，一台通风机分别用来冷却三台牵引电机，室外的空气经过过滤器、进气间、通风机、风机底座，在风机底座分成三个通风道，分别通过软管和牵引电机的入口连接，牵引电机通风系统结构如图 2-14 和图 2-15所示。

如图 2-15 所示，每组牵引电机通风支路空气走向如下：

车外大气(5.5 m^3/s)→离心沉降式过滤器→棕纤维过滤器→车顶进气间→牵引通风机→风机底座→车体风道→连接软管→牵引电机(三台，1,2,3 或 4,5,6)→大气。

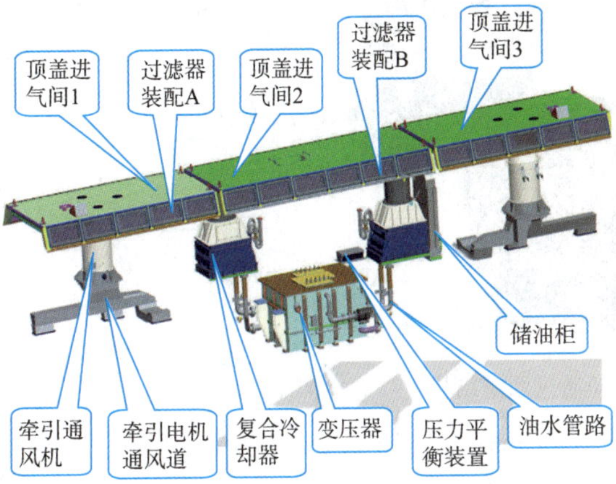

图 2-13　牵引电机通风系统和复合冷却通风系统结构示意图

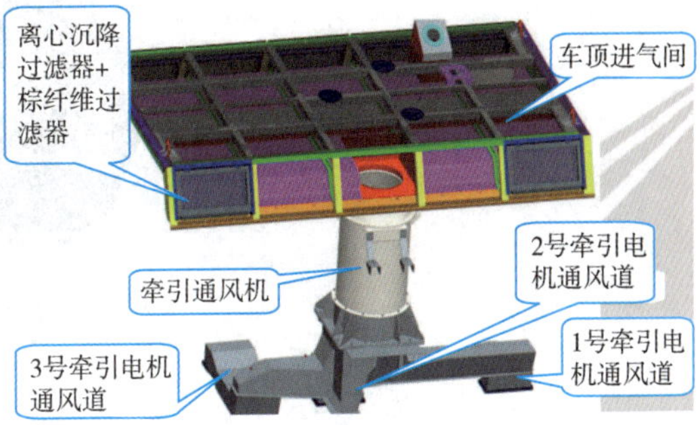

图 2-14　牵引电机通风系统结构

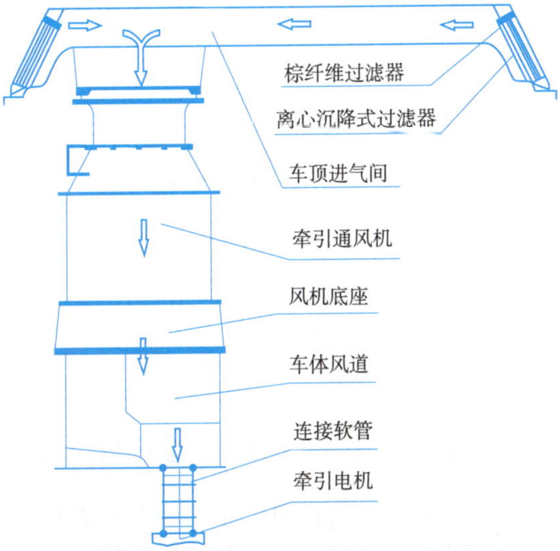

图 2-15　牵引电机通风系统示意图

2. 复合冷却通风系统

两台由复合冷却通风机组等部件组成的复合冷却通风系统，分别对两台复合冷却器进行独立冷却，复合冷却器上层是水，下层是油。水来自主变流器，油来自主变压器。主变流器采用强迫水循环风冷。主变压器采用强迫油循环风冷。复合冷却通风系统结构如图 2-16 和

图 2-17所示。

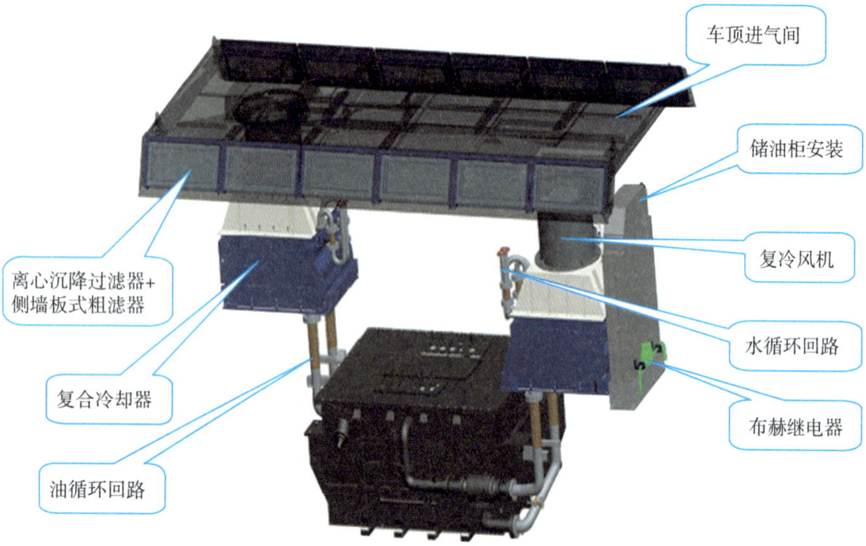

图 2-16　复合冷却通风系统结构

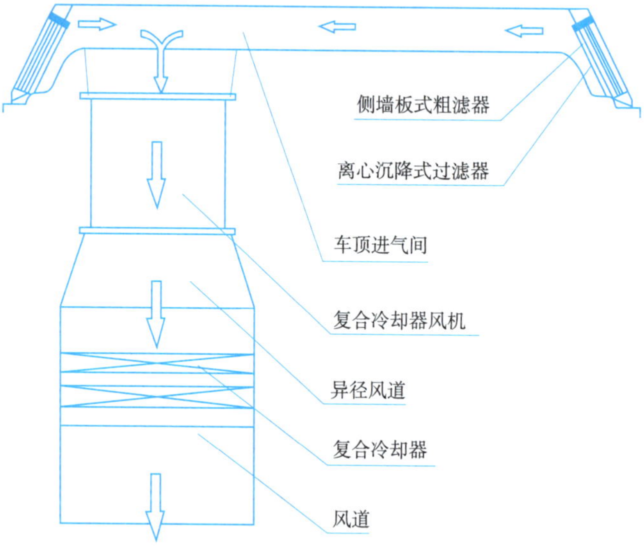

图 2-17　复合冷却通风系统示意图

如图 2-17 所示，每台复合冷却通风支路的冷却空气走向如下：

车外空气(7.5 m^3/s)→离心沉降式过滤器→侧墙板式粗滤器→车顶进气间→复合冷却器风机→异径风道→复合冷却器→车底大气。

思考：看图 2-18，试分析主变压器和主变流器冷却过程。

3. 辅助变流器通风系统

HXD_{3C} 型电力机车的两台辅助变流器装置分别安装在两台牵引变流器装置柜内，通风方式为强迫风冷。每台辅助变流器具有各自独立的通风系统。辅助变流器通风系统如图 2-19 所示。

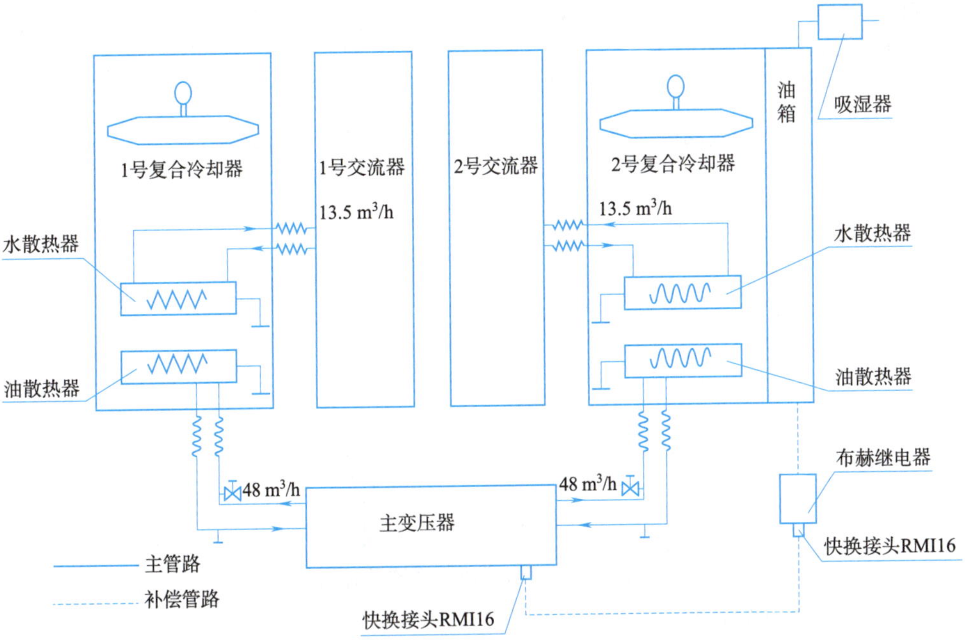

图 2-18　主变压器和主变流器复合冷却通风系统原理图

如图 2-19 所示，每台辅助变流器通风支路的冷却空气走向如下：

车外空气(0.5 m^3/s)→离心沉降式过滤器→棕纤维过滤器→车顶进气间→辅助变流器装置柜进风口→通道→离心通风机→各散热元件→风道→柜出风口→车底大气。

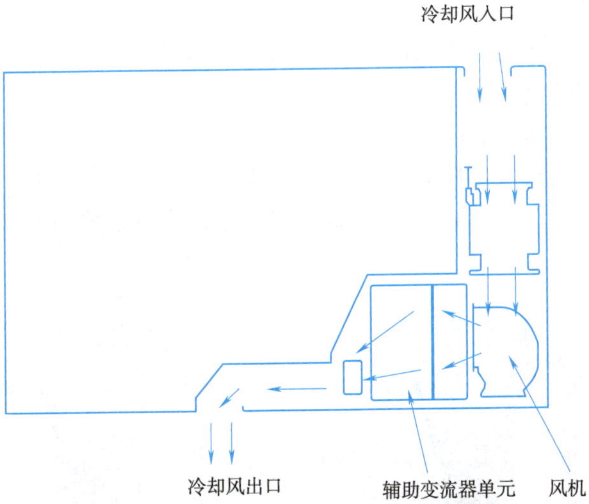

图 2-19　辅助变流器通风系统示意图

4. 机械间通风系统

在机械间顶部布置了两个车体通风机，分别往机械间吹风，其主要作用首先是保证机械间始终有一正压，约为 70 Pa；其次是保证提供空气压缩机、卫生间等所需的清洁空气；第三带走机械间电气设备所散发的热量。

如图 2-20 所示每台机械间通风支路的空气走向如下：

车外空气(7.5 m^3/s)→离心沉降式过滤器→侧墙板式粗滤器→车顶进气间→机械间风机组→机械间→车底大气。

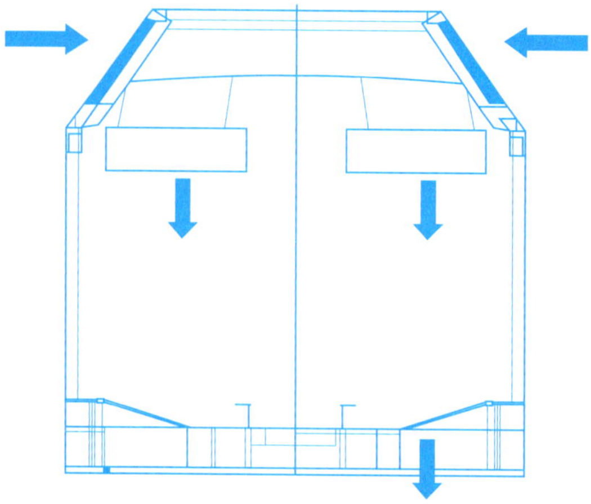

图 2-20　机械间通风系统示意图

5. 列车供电柜通风支路

列车供电柜通风支路的作用是采用强迫风冷方式对供电柜的功率开关器件和电抗器等发热电器件进行冷却。全车共有两个列车供电柜，由于供电柜不允许冷却空气中含有水珠及灰尘，故采用机械间内进气方案。

每台列车供电柜通风支路的冷却空气走向如下：

机械间进气(约 1.5 m^3/s)→列车供电柜→车体底架→大气。

6. 卫生间通风系统

机车内设有一个卫生间。它的通风系统是：机械间进气→卫生间侧墙的电动排风扇→卫生间→卫生间顶部的格栅→车顶排出车外。

7. 空气压缩机通风散热系统

空气压缩机通风散热采用机械间进风，冷却空气压缩机之后，冬季热空气排到车内，再由车体排风口排出车外；夏季热空气直接通过风道排出车外。空气压缩机散热通风支路如图 2-21所示。

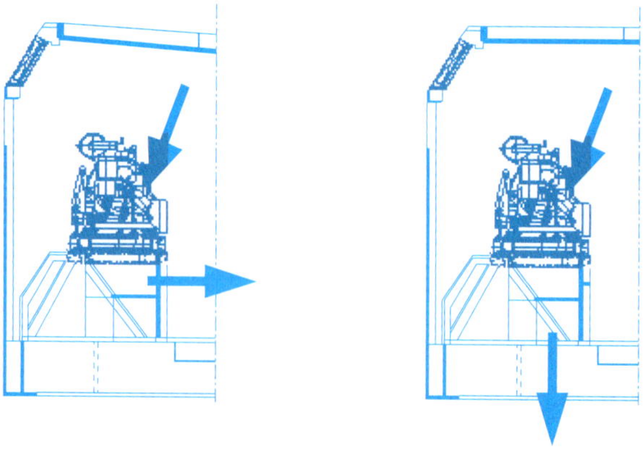

(a)冬季保温通风模式　　(b)夏季散热通风模式

图 2-21　空气压缩机散热通风支路示意图

8. 司机室通风系统

司机室通风采用单元式空调机组，分别安装在机车Ⅰ、Ⅱ端司机室前端罩板内。司机室空调通风支路如图 2-22 所示。

（1）降温通风支路：司机室内的循环空气由空调机组内的通风机组经过装有滤尘网的回风道吸入，并与外界的新鲜空气混合，在通过空调机组内的蒸发器后，冷空气经过出风口处的可调出风栅送入司机室内，即：

车外空气→空调机组→空调出风口→司机室内→（少量）排出车外。

制冷系统连续工作，使车内温度逐渐降低，从而达到制冷、除湿的目的，车内空气温度由控制器自动进行控制。

（2）升温通风支路：司机室内的循环空气被空调机组内通风机吸入，通过空调机组内的电加热器加热，被加热的空气由通风机送入司机室内，使司机室内温度上升。即：

空调机组→空调出风口→司机室内。

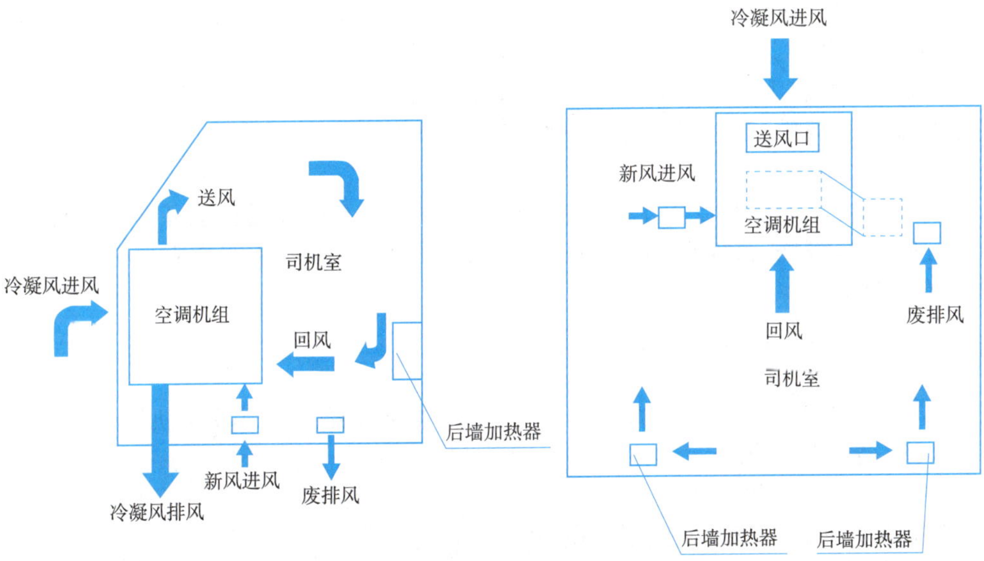

(a) 侧视图　　(b) 俯视图

图 2-22　司机室空调通风支路示意图

三、空气过滤装置

思考：为什么冷却风进入设备之前需要先进行过滤清洁？

由于牵引电机及辅助变流器等电气设备通风冷却要求空气过滤精度较高，故采用离心沉降式过滤器＋棕纤维过滤器的二级过滤方式，以提高过滤效率、精度和降低系统阻力，增强防雨性能。而在其他通风系统（机械间进气、复合冷却器进气等）中采用离心沉降式过滤器＋ 侧墙板式粗滤器的过滤方式，即可满足使用要求。

1. 离心沉降式过滤器

整车的进气系统均采用离心沉降式过滤器，对各支路所需要的空气进行过滤，过滤器安装在机车左右侧的顶盖进气间中。离心沉降式过滤器断面结构如图 2-23 所示。

离心沉降式过滤器的优点：低压降、低噪声、免维修和重量轻。

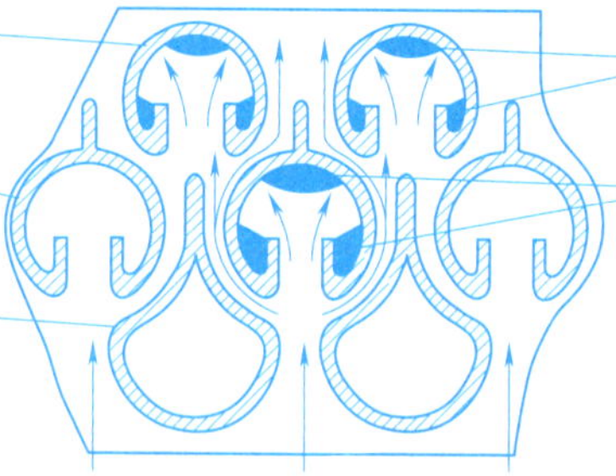

图 2-23 离心沉降式过滤器断面结构图

思考：看图 2-23 分析离心沉降式过滤器除尘原理。

2. 棕纤维过滤器

棕纤维过滤器作为通风系统中的精滤器，其过滤精度在灰尘颗粒大小为 2～40 μm 之间效率可达到 80%（迎面通风量：1 m^3/s）以上，并且阻力小，容尘量大。过滤器采用板状结构，其主要过滤材料为喷涂乳胶的棕纤维，喷涂乳胶主要是使松散的棕纤维更加紧密，密度、孔隙均匀，并且乳胶还具有一定的黏性，使过滤精度更高。

3. 侧墙板式粗滤器

侧墙板式粗滤器安装在复合冷却器通风之路中，其主要作用是夏季可以有效地过滤空气中的柳絮及漂浮物，该粗滤器的滤网采用 24 目不锈钢丝网结构，具有阻力小，安装简单，清洗方便的优点。

四、通风系统日常检查内容

HXD3C 型电力机车通风系统日常检查内容包含牵引通风机、牵引电机风道、复合冷却器、冷却水、循环水管等。

1. 牵引通风机检查

(1)通风机接线无烧损、无异味、无松脱。

(2)安装螺栓无松动、无缺失。

(3)接线器安装螺栓无松动，接线无烧损。

(4)通风口安装螺栓无松动。

2. 牵引电机风道检查

牵引电机通风道橡胶套无裂损。

3. 复合冷却器检查

(1)接线检查，接线无松脱、无烧损。

(2)安装螺栓检查，螺栓无松动、无丢失。

4. 冷却水循环水管检查

(1)冷却水管法兰所有螺栓检查，螺栓无松动、无缺失。

(2)水表指针位置正确。

五、通风系统日常检查作业指导书

HXD3C 型电力机车通风系统日常检查作业指导书

序号	检查项目	检查方法	图示说明	检查要求及标准
1	牵引通风机	目视 手触		(1)安装螺栓无松动、无缺失 (2)接线器安装螺栓无松动，接线无烧损 (3)通风机接线无烧损、无异味、无松脱 (4)通风口安装螺栓无松动
2	牵引电机风道	目视	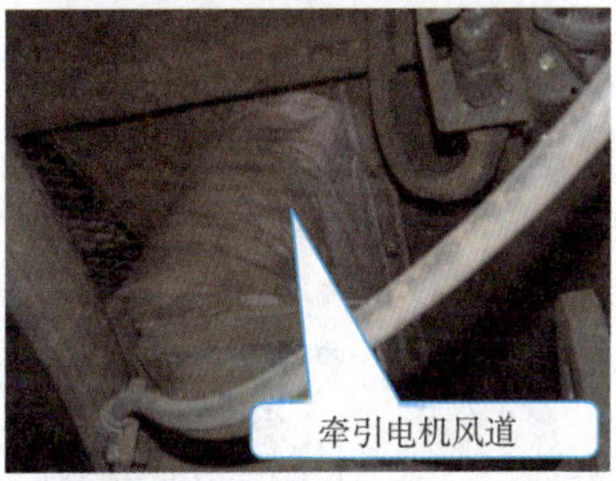 	牵引电机通风道橡胶套无裂损
3	复合冷却器	目视 手触		(1)安装螺栓检查，螺栓无松动、无丢失 (2)接线检查，接线无松脱、无烧损

续上表

序号	检查项目	检查方法	图示说明	检查要求及标准
4	冷却水循环水管	目视 手触		(1)冷却水管法兰所有螺栓检查,螺栓无松动、无缺失 (2)水表指针位置正确

知识引导

通风冷却系统日常检查知识学习引导

日期		班级	
姓名		学号	

(1)电力机车为什么设置通风冷却系统?

(2)HXD3C 型电力机车上的通风冷却系统由哪几部分组成?

(3)HXD3C 型电力机车有几台牵引电机通风机?如何编号的?各自冷却的牵引电机是哪几台?

(4)HXD3C 型电力机车有几台复合冷却通风机?如何编号的?各自冷却的设备是什么?

(5)HXD3C 型电力机车机械间有几台机械间通风机?有什么用途?

(6)空气压缩机冷却风夏季和冬季排风有何不同?为什么这样设置?

任务实施

一、安全防护准备

防护工具	检查内容
安全帽	有□,无□
手套	有□,无□
渡板检查	已检查,完好□

二、工具准备

工具明细表			
序号	名称	数量	是否完好
1	手电筒		
2	棉丝		
3	检查锤/小撬棍		

三、小组分工

序号	成员姓名	职责
1		检查
2		记录
3		班组长:安全监督,录像

四、检查记录单

通风系统日常检查记录单

<table>
<tr><td colspan="2">班级：</td><td>姓名：</td><td>学号：</td><td>同组人：</td></tr>
<tr><td colspan="2">机车号</td><td colspan="3"></td></tr>
<tr><td colspan="2">检查对象</td><td colspan="3"></td></tr>
<tr><td>检查对象/编号</td><td>检查内容/检查方法</td><td>检查内容</td><td colspan="2">状态记录</td></tr>
<tr><td rowspan="6">通风设备/(　　)</td><td rowspan="2">牵引通风/(　　)</td><td>安装螺栓有无松动和缺失</td><td colspan="2">☐ 状态良好
☐ 有松动
☐ 有缺失</td></tr>
<tr><td>通风机接线有无烧损、有无异味、有无松脱</td><td colspan="2">☐ 状态正常
☐ 有烧损
☐ 有异味
☐ 松脱</td></tr>
<tr><td rowspan="2">复合冷却器/(　　)</td><td>安装螺栓有无松动和缺失</td><td colspan="2">☐ 状态良好
☐ 有松动
☐ 有缺失</td></tr>
<tr><td>接线有无松脱和烧损</td><td colspan="2">☐ 状态良好
☐ 有松脱
☐ 有烧损</td></tr>
<tr><td rowspan="2">冷却循环水管/(　　)</td><td>安装螺栓有无松动和缺失</td><td colspan="2">☐ 状态正常
☐ 有松动
☐ 有缺失</td></tr>
<tr><td>水表指针位置正确</td><td colspan="2">☐ 状态正常，位置正确
☐ 水位过高
☐ 水位过低</td></tr>
<tr><td colspan="5">故障记录：</td></tr>
<tr><td colspan="4">检查时间：　年　月　日　时　分</td><td>检查人签字：</td></tr>
<tr><td colspan="3">记录人签字：</td><td colspan="2">班组长签字：</td></tr>
<tr><td>填表要求</td><td colspan="4">(1)检查对象编号按老师分配的具体任务编号填写，不能照抄照搬。
(2)检查内容的检查方法在对应(　　)中注明目视或手检。
(3)状态纪录按检查实际情况，在☐内打“√”。
(4)故障记录栏填写发现的问题，填写规范、问题描述清晰，字迹书写清晰。
(5)签字项需填写全名，不得代签、涂改。</td></tr>
</table>

五、监督与考核

通风系统日常检查监督考核表

班级：		姓名：	学号：	同组人：
记录人：				
序号	安全监督内容	记录	分值	得分
1	劳动保护及安全文明	□ 执行安全操作规程，佩戴安全帽、手套 □ 爱护设备及工具 □ 着装整洁；保持工作环境清洁	共 15 分 每缺少一项安全防护扣 5 分	
2	操作前将所需工具准备齐全	□ 工具齐全 □ 缺少工具（　　） □ 错选工具	共 10 分 每少一件工具扣 3 分 规格选错每件扣 3 分	
3	能按照检查标准要求规范进行检查	□ 能根据编号准确找到牵引通风机在机械间的布置位置 □ 按检查标准和要求对牵引通风机进行检查 □ 按检查标准和要求对复合冷却塔进行检查 □ 按检查要求对冷却循环水管进行检查	共 25 分 每完成一项得 6 分 检查位置不正确、检查不标准不得分	
总　计				

任务评价

通风系统日常检查评价表

班级：	姓名：	学号：	同组人：
评价项目	评价内容	得分	评价主体
理论知识准备	（1）能描述通风冷却系统的作用（10 分）		□ 师评 □ 自评 □ 互评
	（2）能叙述 HXD3C 型电力机车上有哪些通风系统（10 分）		
实操检查过程	（1）检查表填写完整、清晰、工整（5 分）		□ 师评 □ 自评 □ 互评
	（2）检查过程有序（5 分）		
	（3）能够安全规范进行检查（50 分）		□ 师评 □ 自评 □ 互评
课堂表现	（1）知识引导部分填写完整（10 分）		□ 师评 □ 自评 □ 互评
	（2）小组贡献度（10 分）		
总　分			

巩固练习

一、填空题

1. 电力机车通风系统主要作用是对机车上需要进行强迫冷却的电气设备实施________通风冷却，以使它们的工作________不超过允许值，保证电气设备正常、可靠地工作。

2. HXD3C 型电力机车的通风系统采用________通风方式。

3. HXD3C 型电力机车牵引电机通风冷却系统采用________________+______________的二级过滤方式对吸入的空气进行净化。

4. HXD3C 每组牵引电机通风支路空气走向：车外大气→离心沉降式过滤器→__________→车顶进气间→牵引通风机→风机底座→车体风道→连接软管→__________→大气。

5. 在机械间顶部布置了两个车体______，往机械间吹风，其主要作用，首先是保证机械间始终有一____压，约为____Pa；其次是保证提供____、卫生间等所需的清洁空气；第三带走机械间______所散发的热量。

二、选择题

1. 关于 HXD3C 型电力机车通风系统叙述错误的是(　　)。

A. 车上共 6 台牵引通风机，每台冷却一台牵引电机

B. 主变压器和主变流器通过复合冷却器进行冷却

C. 辅助变流器采用轴流风机进行冷却

D. 采用车体通风系统，斜对称布置

2. 通风冷却要求空气过滤精度较高，故采用离心沉降式过滤器+棕纤维过滤器的二级过滤方式的设备有(　　)。

A. 复合冷却塔　　　B. 牵引电机　　　C. 辅助变流器

三、判断题

1. HXD3C 型电力机车牵引变流器和辅助变流器采用复合冷却方式。(　　)

2. HXD3C 型电力机车列车供电柜通风道和空压机通风散热均采用机械间进气。(　　)

3. 辅助变流器冷却方式为采用强迫水循环风冷。(　　)

4. 主变流器的冷却方式为强迫油循环风冷。(　　)

四、简答题

1. 简述通风冷却系统的作用。

2. HXD3C 型电力机车通风冷却系统主要包括哪几部分？

项目三
机车转向架检查

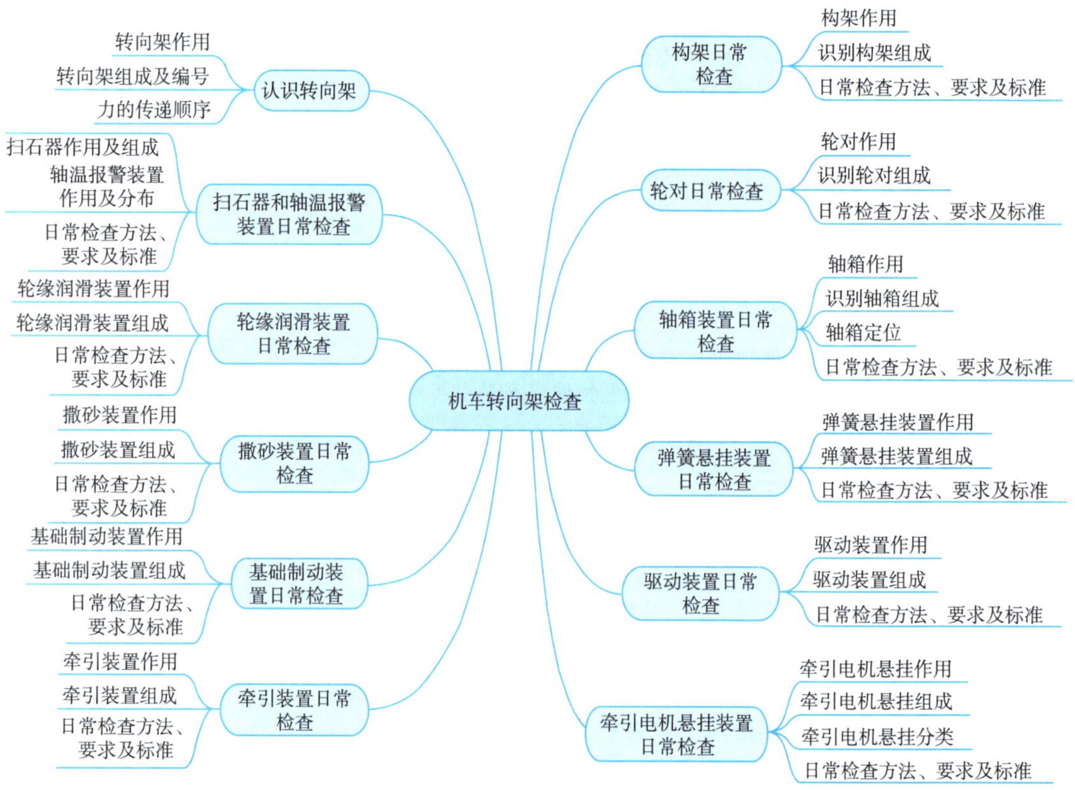
机车转向架检查
认识转向架
转向架作用
转向架组成及编号
力的传递顺序
扫石器和轴温报警装置日常检查
扫石器作用及组成
轴温报警装置作用及分布
日常检查方法、要求及标准
轮缘润滑装置日常检查
轮缘润滑装置作用
轮缘润滑装置组成
日常检查方法、要求及标准
撒砂装置日常检查
撒砂装置作用
撒砂装置组成
日常检查方法、要求及标准
基础制动装置日常检查
基础制动装置作用
基础制动装置组成
日常检查方法、要求及标准
牵引装置日常检查
牵引装置作用
牵引装置组成
日常检查方法、要求及标准
构架日常检查
构架作用
识别构架组成
日常检查方法、要求及标准
轮对日常检查
轮对作用
识别轮对组成
日常检查方法、要求及标准
轴箱装置日常检查
轴箱作用
识别轴箱组成
轴箱定位
日常检查方法、要求及标准
弹簧悬挂装置日常检查
弹簧悬挂装置作用
弹簧悬挂装置组成
日常检查方法、要求及标准
驱动装置日常检查
驱动装置作用
驱动装置组成
日常检查方法、要求及标准
牵引电机悬挂装置日常检查
牵引电机悬挂作用
牵引电机悬挂组成
牵引电机悬挂分类
日常检查方法、要求及标准

项目描述

转向架是机车的重要组成部分，用来支承车体、引导机车在钢轨上运行。转向架一般由构架、轮对、轴箱、轴箱悬挂装置、牵引电机及其悬挂、齿轮传动、基础制动装置等组成。在日常检查中对各部分的结构认识和检查是保证行车安全的重要保障。

HXD3C 型电力机车转向架采用成熟先进的技术，主要包括箱形梁焊接结构构架、轮盘制动、整体碾钢车轮、低位推挽式平直单牵引杆、单级斜齿轮传动、电机滚动抱轴承半悬挂方式、螺旋弹簧＋单轴箱拉杆结构轴箱，二系悬挂装置采用高圆弹簧结构，配合横向油压减振器、二系垂向油压减振器、横向止挡、垂向止挡、摇头止挡、点头止挡、轴温报警装置等。

学习目标

1. 了解 HXD3C 型电力机车转向架采用的成熟先进的技术。
2. 掌握转向架的作用、结构和特点。
3. 掌握转向架各主要组成部分的作用、结构。
4. 掌握转向架各主要组成部分的分布位置、日常检查内容和检查方法。

任务一　认识转向架

任务描述

转向架是电力机车的重要组成部分，其结构和性能对整台机车的运行速度、走行品质、安全性能起决定性作用。为做好对 HXD3C 型电力机车转向架的日常检查，本任务是对转向架各部件进行认识。

任务目标

1. 能够分析转向架的作用。
2. 能够指认转向架主要组成部件并明确转向架的编号。
3. 能够说出转向架各主要部件的作用。
4. 能叙述转向架力的传递顺序。
5. 培养良好的职业习惯和团队协作精神。
6. 树立职业意识，培养安全意识、责任意识。

任务信息

思考:请分析图 3-1 所示转向架在机车上的作用。说一说图中各主要部件的名称。

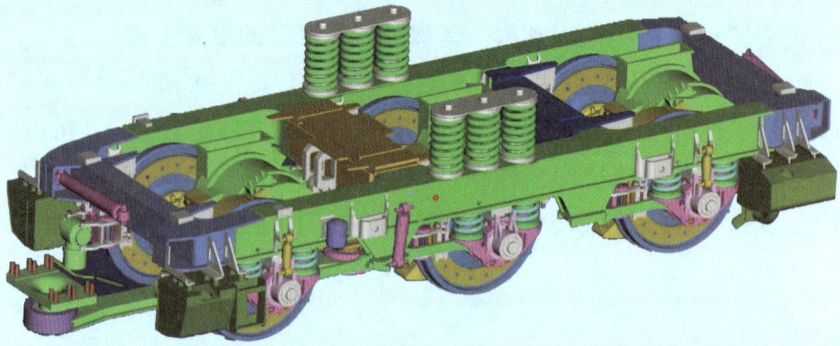

图 3-1　转向架

一、转向架的主要作用

转向架是电力机车的关键部件之一,它对机车安全性、平稳性和舒适性起着重要的作用,其主要作用如下。

(1)承重:承担机车上部的重量,并把重量均匀地分配给每个轮对。

(2)传力:在轮轨接触点产生牵引力、制动力,并将其传给车体底架、车钩。

(3)缓冲:缓和并衰减来自轨道线路的冲击振动,保证机车运行的平稳性,减少运行中的动作用力及其危害。

(4)转向:在钢轨的引导下,实现机车在线路上运行,并顺利通过曲线。

二、转向架基本组成

转向架按照轴数不同有两轴转向架和三轴转向架,如图 3-2 和图 3-3 所示。HXD_{3C} 型电力机车采用三轴转向架。

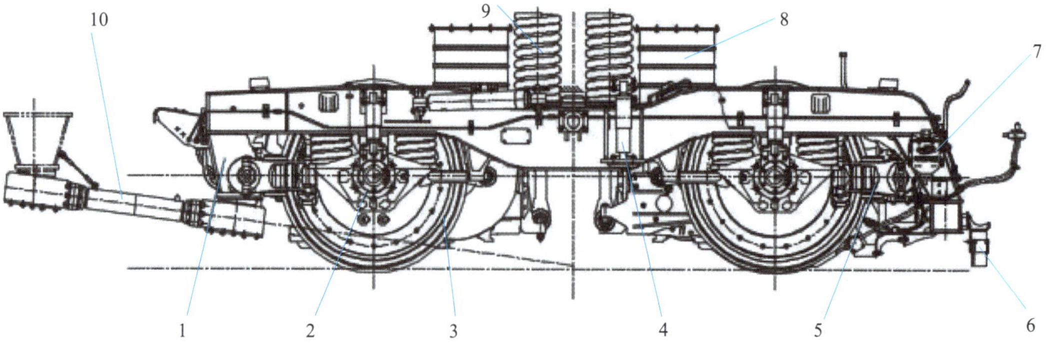

图 3-2　两轴转向架

1—构架装配;2—轴箱装置;3—轮对;4—垂向油压减振器(二系);5—基础制动装置;6—附件装配;7—轮缘润滑装置;8—牵引电机通风连接软管;9—二系高圆弹簧;10—牵引装置

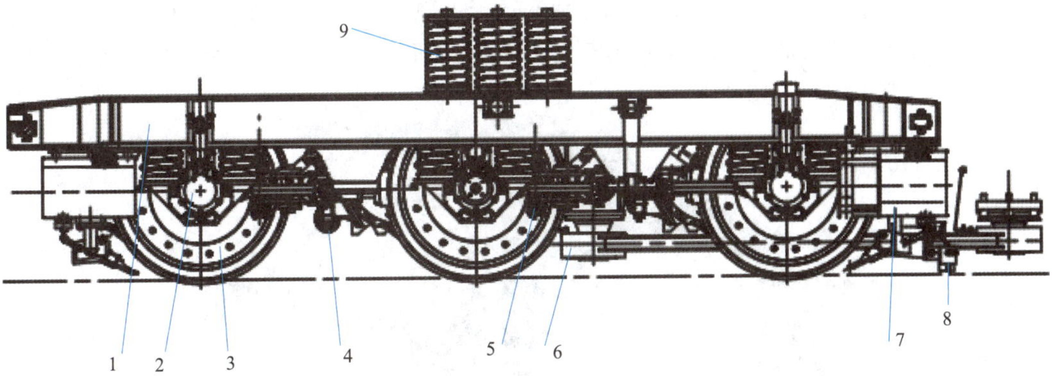

图 3-3　三轴转向架（HXD3C 型电力机车转向架）

1—构架；2—轴箱装置；3—轮对；4—弹簧悬挂装置；

5—基础制动装置；6—牵引装置；7—砂箱；8—扫石器；9—二系高圆弹簧

思考：两轴转向架和三轴转向架各有什么优点和缺点？

HXD3C 型电力机车转向架主要包括构架、轮对、轴箱装置、弹簧悬挂装置、牵引装置、驱动装置、基础制动装置，此外还有附属装置（撒砂装置、轮缘润滑装置、扫石器等）、配管装配和进风道、整体起吊装置等。

1. 构架

构架如图 3-4 所示，是转向架的重要组成部分，是转向架连接的基体，也是承载和传力的基体，把转向架的其他组成部件连接组成一个整体，同时也承受并传达垂向、纵向和横向各种作用力。

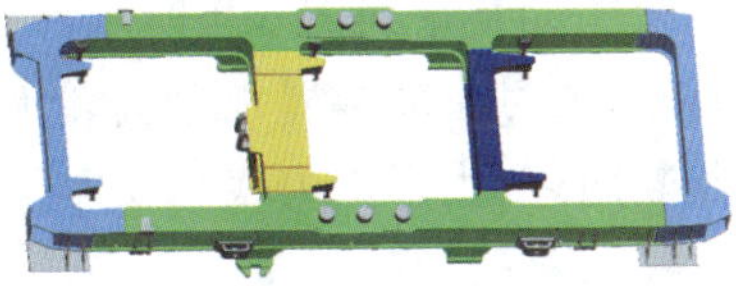

图 3-4　构架

2. 轮对

轮对装配如图 3-5 所示。机车的全部重量通过轮对传给钢轨，牵引电机的转矩也通过轮对作用于钢轨，并在轮轨接触处产生牵引力或制动力。

3. 轴箱装置

轴箱装置如图 3-6 所示，轴箱安装于车轴两端的轴颈上，用来安设轴承，将全部的簧上载荷传给车轴，将来自轮对的牵引力或制动力传递给转向架构架。

图 3-5　轮对

图 3-6　轴箱装置

1—一系悬挂；2—轴箱

4. 弹簧悬挂装置

机车转向架上的弹簧悬挂装置一般采用两系悬挂，包括一系悬挂（图 3-6）和二系悬挂

(图 3-7)。弹簧悬挂装置能够减小振动,使机车运行平稳,保护车内外设备免于振松、振裂、振坏,有助于减轻乘务人员疲劳,保证行车安全,也可减少机车簧上部分对线路的冲击破坏。

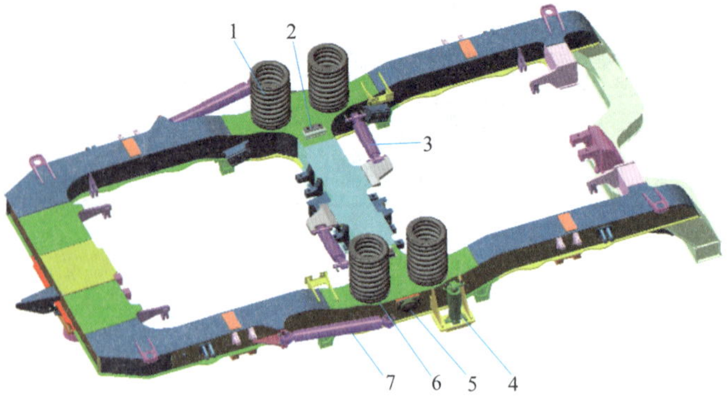

图 3-7　二系悬挂

1—二系高圆弹簧;2—二系垂向止挡;3—横向油压减振器;4—二系垂向油压减振器;5—二系横向止挡;6—减振垫;7—抗蛇行减振器

5. 牵引装置

牵引装置是连接机车车体与转向架的重要组成部分,其主要作用是传递机车的牵引力或制动力,并且能够适应机车车体与转向架之间的各种相对运动,如图 3-8 所示。

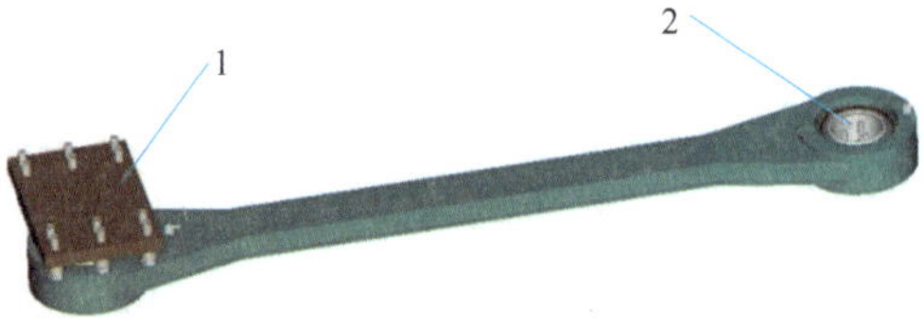

图 3-8　牵引装置

1—与车体相连;2—与转向架构架相连

6. 驱动装置

驱动装置如图 3-9 所示,牵引电机产生的转矩,通过驱动装置大小齿轮啮合把转矩传递给轮对,产生牵引力或制动力。

7. 基础制动装置

基础制动装置如图 3-10 所示,它是制动系统的执行部件,它把制动原力放大若干倍后,再传递给闸片(闸瓦),使之压紧制动盘(车轮踏面),产生制动作用,使运行中的机车、车辆减速或停车。

图 3-9　驱动装置

1—牵引电机;2—抱轴箱;3—传动齿轮箱

图 3-10　基础制动装置

此外,HXD3C 型电力机车转向架上还装有 JK11430 走行部车载安全监测系统用来监测轴承振动、冲击及温度状态，并能监测齿轮、车轮踏面的冲击、振动状态。

三、转向架主要技术参数

HXD3C 型电力机车转向架主要技术参数见表 3-1。

表 3-1　HXD3C 型电力机车转向架主要技术参数

轴距	(2 250+2 000) mm
轨距	1 435 mm
转向架中心距	10 520 mm
最大运用速度	120 km/h
轴重	23 t 或 25 t
转向架总重	30.1 t
轮径	1 250 mm(新造轮)，1 200 mm(磨耗轮)，1 150 mm(全磨耗)
通过最小曲线半径	125 m
牵引方式	低位推挽式平直单牵引杆
牵引点距轨面高	230 mm(新造车轮)
牵引电机悬挂方式	滚动抱轴式半悬挂
传动方式	滚动抱轴式单侧斜齿轮传动
齿轮传动比	101/21
一系悬挂方式	轴箱弹簧(钢弹簧)+单轴箱拉杆+垂向油压减振器
二系悬挂方式	高圆钢弹簧+垂向油压减振器+横向油压减振器
轴箱横向自由间隙	0～±15 mm～0
一系垂向止挡间隙	30 mm
一系横向止挡间隙	10 mm
二系垂向止挡间隙	45 mm
二系横向止挡间隙	25 mm(自由 20 mm，弹性 5 mm)
基础制动方式	轮盘制动单元(8 个不带蓄能制动，4 个带蓄能制动)

四、转向架力的传递

HXD3C 型电力机车在运行中，转向架除承受垂向重力、纵向牵引力或制动力、横向钢轨对轮对的侧压力外，还常常承受很严重的动作用力，如线路不平顺造成的对轮对的冲击力等，受力十分复杂。

HXD3C 型电力机车转向架力的传递顺序为：

1. 垂向力的传递(以重力为例)

车体→二系弹簧→转向架构架→轴箱弹簧→轴箱体→轴承→车轴→车轮踏面→钢轨。

2. 纵向力的传递(以牵引力或制动力为例)

轮轨接触点产生牵引力或制动力→车轮→车轴→轴箱→轴箱拉杆→转向架构架→牵引装置→车体底架→缓冲器→车钩→相邻车辆。

3. 横向力的传递(以轮轨侧压力为例)

钢轨对轮对侧压力→车轮(轮缘)→车轴→轴箱→(一系)轴箱横向止挡→转向架构架→(二系)横向和摇头止挡→车体底架→机车上部。

知识引导

认识转向架知识学习引导

日期		班级	
姓名		学号	

(1)看题图 3-1 观察 HXD_{3C} 型电力机车有几台转向架？如何对机车转向架进行编号？转向架的作用是什么？并根据机车零部件编号规则，给题图 3-1 中机车转向架进行编号，并标注。

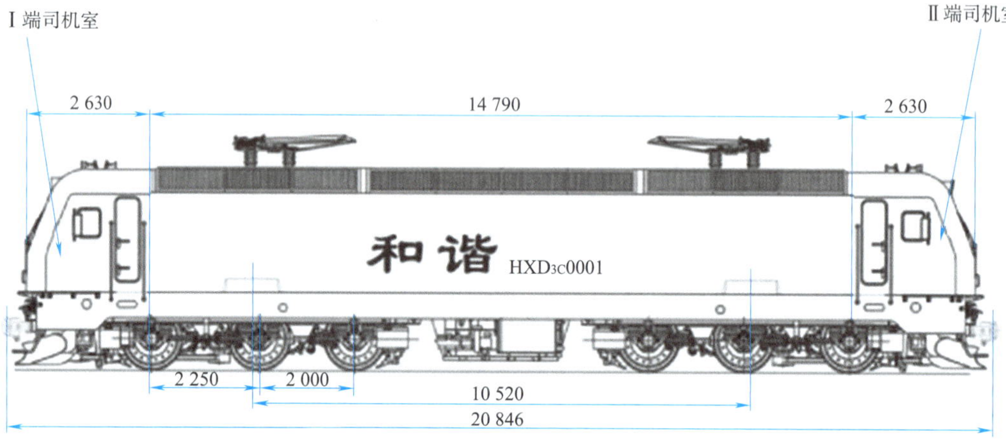

题图 3-1

(2)在题图 3-2 中标注出两轴转向架各部分名称。

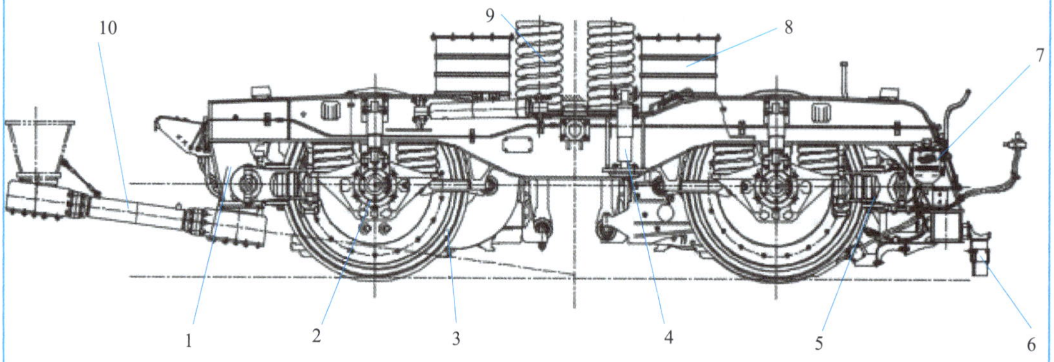

题图 3-2

1—________；2—________；3—________；

4—________；5—________；6—________；

7—________；8—________；9—________；

10—________

续上表

(3)简述转向架除基本组成外还有撒砂装置、轮缘润滑装置、扫石器等附属装置，它们的作用又是什么呢？   (4)分析题图 3-2 所示转向架垂向力和纵向力是如何传递的？   (5)转向架对机车________性、________性和________性起着重要的作用。

任务实施

一、安全防护准备

防护工具	检查内容
安全帽	有□，无□
手套	有□，无□
渡板检查	已检查，完好□

二、工具准备

工具明细表			
序号	名称	数量	是否完好
1	手电筒		
2	棉丝		
3	检查锤/小撬棍		

三、小组分工

序号	成员姓名	职责
1		检查
2		记录
3		班组长：安全监督，录像

四、识认记录单

转向架识认记录单

班级：	姓名：	学号：	同组人：
机车号			
识认对象			
识认对象/编号	识认内容	识认内容	识认记录
转向架/（　　）	构架	准确找到构架	□ 能　□ 否
		说出构架主要作用	□ 能　□ 否
	轮对	准确找到轮对	□ 能　□ 否
		说出轮对主要作用	□ 能　□ 否
	轴箱	准确找到轴箱	□ 能　□ 否
		说出轴箱主要作用	□ 能　□ 否
	弹簧悬挂	准确找到一系悬挂弹簧	□ 能　□ 否
		准确找到二系悬挂弹簧	□ 能　□ 否
		说出弹簧悬挂装置主要作用	□ 能　□ 否
	牵引装置	准确找到牵引装置	□ 能　□ 否
		说出牵引装置主要作用	□ 能　□ 否
	基础制动装置	准确找到基础制动装置	□ 能　□ 否
		说出基础制动装置主要作用	□ 能　□ 否
	驱动装置	准确找到驱动装置	□ 能　□ 否
		说出驱动装置主要作用	□ 能　□ 否
主要情况记录：			
检查时间：　年　月　日　时　分			检查人签字：
记录人签字：		班组长签字：	
填表要求	(1)检查对象编号按老师分配的具体任务编号填写，不能照抄照搬。 (2)检查内容的检查方法在对应(　　)中注明目视或手检。 (3)状态纪录按检查实际情况，在□内打"√"。 (4)故障记录栏填写发现的问题，填写规范、问题描述清晰，字迹书写清晰。 (5)签字项需填写全名，不得代签、涂改。		

五、监督与考核

转向架识认监督考核表

班级：		姓名：	学号：	同组人：
记录人：				
序号	安全监督内容	记录	分值	得分
1	劳动保护及安全文明	□ 执行安全操作规程，佩戴安全帽、手套 □ 爱护设备及工具 □ 着装整洁；保持工作环境清洁	共 15 分 每缺少一道安全防护扣 5 分	
2	操作前将所需工具准备齐全	□ 工具齐全 □ 缺少工具(　　) □ 错选工具	共 10 分 每少一件工具扣 3 分 规格选错每件扣 3 分	
3	能按照识认要求指认出转向架主要部件，并说出主要作用	□ 能根据编号准确找到对应转向架在机车中的布置位置	共 5 分，完成得分	
		□ 能正确指认转向架 7 个主要组成部件	共 35 分，每完成一项得 5 分	
		□ 能正确说出转向架基本部件的主要作用	共 35 分，每完成一项得 5 分	
总　　计				

任务评价

转向架识认任务评价表

班级：	姓名：	学号：	同组人：
评价项目	评价内容	得分	评价主体
理论知识准备	(1)能说出转向架垂向力的传递顺序(10 分)		□ 师评 □ 自评 □ 互评
	(2)能说出转向架纵向力的传递顺序(10 分)		
实操识认过程	(1)识认表填写完整、清晰、工整(5 分)		□ 师评 □ 自评 □ 互评
	(2)识认过程有序(5 分)		
	(3)能够安全规范进行识认(50 分)		□ 师评 □ 自评 □ 互评
课堂表现	(1)知识引导部分填写完整(10 分)		□ 师评 □ 自评 □ 互评
	(2)小组贡献度(10 分)		
总　　分			

巩固练习

一、填空题

1. 转向架承担机车上部的________，并把重量均匀地分配给每个轮对。

2. 转向架纵向传递________和________。

3. 转向架能够________和________来自轨道线路的冲击振动。

4. 转向架在钢轨的引导下，实现机车在线路上运行，并顺利________。

5. HXD3C 型电力机车转向架基础制动采用____________________制动。

6. HXD3C 型电力机车牵引装置采用____________________。

7. HXD3C 型电力机车牵引电机采用____________________悬挂方式。

8. 转向架在运行中主要承受三方向的力：____________、____________和____________。

9. HXD3C 型电力机车传动比为____________。

二、选择题

1. (　　)既是转向架连接的基体，也是承载和传力的基体。

A. 构架　　B. 轮对　　C. 牵引装置　　D. 牵引电机

2. 能够传递牵引力和制动力，并且能够适应机车车体与转向架之间的各种相对运动的部件是(　　)。

A. 二系悬挂装置　　B. 构架　　C. 牵引装置　　D. 牵引电机

3. (　　)将全部的簧上载荷传给车轴，将来自轮对的牵引力、制动力传递给转向架构架。

A. 构架　　B. 一系悬挂装置　　C. 二系悬挂装置

4. HXD3C 型电力机车转向架轮对内侧距是(　　)。

A. 1 345 mm　　B. 1 435 mm　　C. 1 353 mm　　D. 1 453 mm

5. HXD3C 型电力机车两转向架中心距是(　　)。

A. 14 700 mm　　B. 2 250 mm　　C. 2 000 mm　　D. 10 520 mm

6. HXD3C 型电力机车通过最小几何曲线半径是(　　)。

A. 125 m　　B. 250 m　　C. 1 353 m　　D. 1 435 m

7. HXD3C 型电力机车轴箱横动自由间隙为(　　)。

A. ±10 mm—±10 mm—±10 mm　　B. 0—±10 mm—0

C. ±15 mm—±15 mm—±15 mm　　D. 0—±15 mm—0

8. HXD3C 型电力机车一系横向止挡间隙(　　)。

A. 5 mm　　B. 10 mm　　C. 30 mm　　D. 45 mm

三、判断题

1. HXD3C 型电力机车牵引电机采用滑动抱轴式半悬挂。(　　)

2. HXD3C 型电力机车采用滚动抱轴式单侧斜齿轮传动。(　　)

3. HXD3C 型电力机车最大运用速度为 100 km/h。(　　)

4. HXD3C 型电力机车通过最小曲线半径为 125 m。(　　)

四、简答题

1. HXD3C 型电力机车转向架主要由哪几部分组成?

2. 写出 HXD3C 型电力机车转向架垂向力的传递顺序。

3. 写出 HXD3C 型电力机车转向架纵向力的传递顺序。

任务二　构架日常检查

任务描述

构架是转向架其他部件的连接基体,也是承载和传力的基体。机车车辆运行中,如果构架出现问题,后果不堪设想。为防止行车事故的发生,按照 HXD3C 型电力机车日常检查作业要求,要进行 HXD3C 型电力机车日常检查,本任务日常检查的对象是机车转向架构架。

任务目标

1. 能够分析构架的作用,认识构架的组成部件,能够对机车转向架构架进行编号。
2. 认识构架的左右侧梁、前后端梁、横梁、牵引横梁。
3. 能够按 HXD3C 型电力机车构架日常检查作业要求和标准对构架进行检查。
4. 培养良好的职业习惯和团队协作精神。
5. 树立职业意识,培养安全意识、责任意识。

任务信息

一、构架的作用

机车在运行过程中,构架不仅承受车体的重力、纵向的牵引力和制动力、横向的轮轨侧压力、离心力等,还会受到严重的动作用力。此外,在轴箱定位、齿轮传动、电机悬挂、基础制动装置等工作时,构架的受力会更加严重、复杂。因此,要求转向架构架必须要有足够的强度和刚度,各梁的尺寸、各种附件的组装位置必须精确。

二、构架的组成

机车构架有两轴转向架构架和三轴转向架构架之分。两轴转向架的构架一般为“日”字形，如 3-11 所示，三轴转向架构架一般为“目”字形结构，如图 3-12 所示。

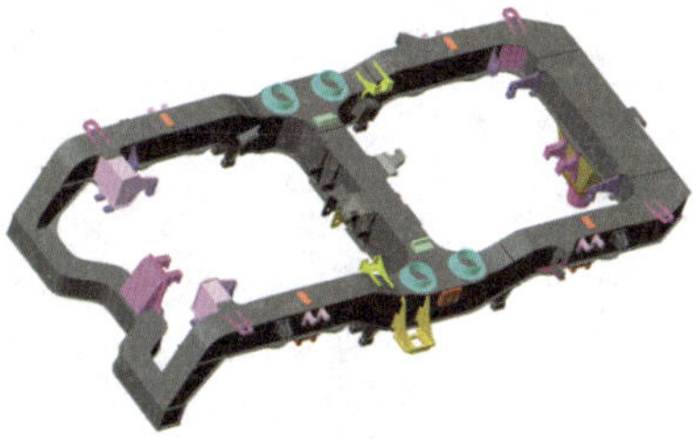

图 3-11　“日”字形构架

图 3-12　“目”字形构架

HXD3C 型电力机车构架主要包括两根侧梁（左侧梁和右侧梁）、前端梁、后端梁、横梁、牵引横梁。此外构架上还有各种附加支座。构架各个梁组焊后呈“目”字形框架式箱形梁结构，外形如图 3-13 所示。

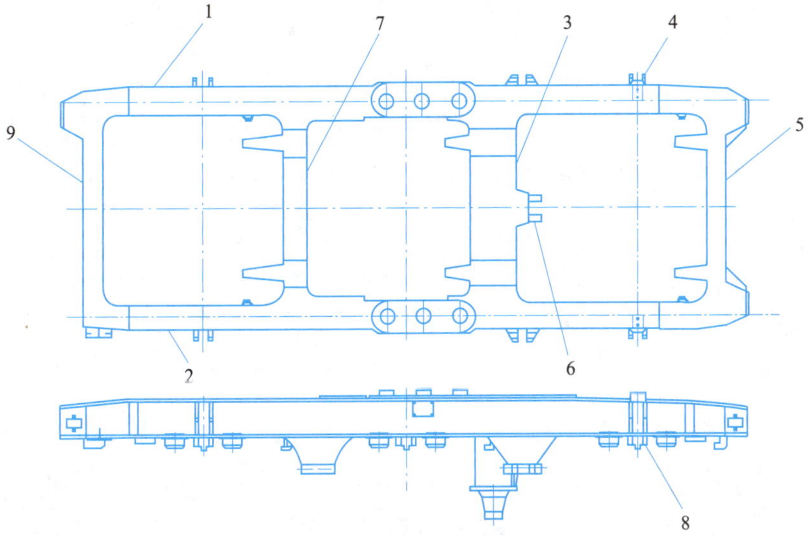

图 3-13　转向架构架外形结构

1—左侧梁；2—右侧梁；3—牵引横梁；4—减振器座；5—前端梁；6—牵引电机吊杆座；7—横梁；8—轴箱止挡；9—后端梁

三、构架日常检查主要内容

机车日常运用过程中，构架容易产生裂纹，特别是焊缝处，应及时发现，为保证行车安全，必须注意经常检查，以免酿成更大事故。

HXD3C 型电力机车转向架构架日常检查主要内容如下：

(1)目视检查构架各焊缝处有无裂纹。如外观检查有疑似裂纹，需探伤确认。

(2)目视检查构架及安装座外观有无裂纹、硬伤或局部变形。

(3)对于油漆脱落处经必要的清洁和除锈后，及时补涂油漆。

(4)检查构架上轴箱止挡与轴箱吊钩间隙，间隙为 10 mm。

知识引导

构架日常检查知识学习引导

日期		班级	
姓名		学号	

(1)分析构架在机车上的作用是什么?

(2)看题图 3-3,并在图中标注出转向架构架的各部分名称。

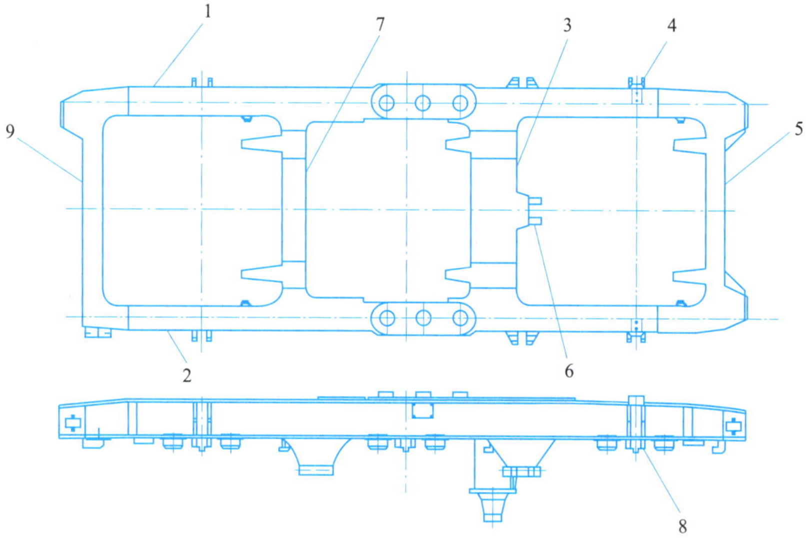

题图 3-3

1—__________;2—__________;3—__________;

4—__________;5—__________;6—__________;

7—__________;8—__________;9—__________

(3)简述转向架上其他部件在构架上分别安装在什么位置。

(4)简述如果转向架构架焊缝出现裂纹,会产生什么后果。

任务实施

一、安全防护准备

防护工具	检查内容
安全帽	有□,无□
手套	有□,无□
渡板检查	已检查,完好□

二、工具准备

工具明细表			
序号	名称	数量	是否完好
1	手电筒		
2	棉丝		
3	检查锤/小撬棍		

三、小组分工

序号	成员姓名	职责
1		检查
2		记录
3		班组长:安全监督,录像

四、检查记录单

构架日常检查记录单

班级：		姓名： 学号：	同组人：
机车号			
检查对象			
检查对象/编号	检查内容/检查方法	检查内容	状态记录
构架/（　　）	左侧梁/（　　）	左侧梁有无裂纹	☐ 状态良好，无裂纹 ☐ 有裂纹
		左侧梁上各个安装座有无裂纹	☐ 状态良好，无裂纹 ☐ 有裂纹
	右侧梁/（　　）	右侧梁有无裂纹	☐ 状态良好，无裂纹 ☐ 有裂纹
		右侧梁上各个安装座有无裂纹	☐ 状态良好，无裂纹 ☐ 有裂纹
	前端梁/（　　）	前端梁有无裂纹	☐ 状态良好，无裂纹 ☐ 有裂纹
		前端梁上各个安装座有无裂纹	☐ 状态良好，无裂纹 ☐ 有裂纹
	后端梁/（　　）	后端梁有无裂纹	☐ 状态良好，无裂纹 ☐ 有裂纹
		后端梁上各个安装座有无裂纹	☐ 状态良好，无裂纹 ☐ 有裂纹
	牵引横梁/（　　）	牵引横梁有无裂纹	☐ 状态良好，无裂纹 ☐ 有裂纹
		牵引横梁上各个安装座有无裂纹	☐ 状态良好，无裂纹 ☐ 有裂纹
	横梁/（　　）	横梁有无裂纹	☐ 状态良好，无裂纹 ☐ 有裂纹
		横梁上各个安装座有无裂纹	☐ 状态良好，无裂纹 ☐ 有裂纹
故障情况记录：			
检查时间：　年　月　日　时　分			检查人签字：
记录人签字：		班组长签字：	
填表要求	（1）检查对象编号按老师分配的具体任务编号填写，不能照抄照搬。 （2）检查内容的检查方法在对应（　　）中注明目视或手检。 （3）状态纪录按检查实际情况，在☐内打“√”。 （4）故障记录栏填写发现的问题，填写规范、问题描述清晰，字迹书写清晰。 （5）签字项需填写全名，不得代签、涂改。		

五、监督与考核

构架日常检查监督考核表

<table>
<tr><td colspan="2">班级：</td><td>姓名：</td><td>学号：</td><td colspan="2">同组人：</td></tr>
<tr><td colspan="6">记录人：</td></tr>
<tr><td>序号</td><td>安全监督内容</td><td colspan="2">记录</td><td>分值</td><td>得分</td></tr>
<tr><td>1</td><td>劳动保护及安全文明</td><td colspan="2">□ 执行安全操作规程，佩戴安全帽、手套
□ 爱护设备及工具
□ 着装整洁；保持工作环境清洁</td><td>共 15 分
每缺少一项安全防护扣 5 分</td><td></td></tr>
<tr><td>2</td><td>操作前将所需工具准备齐全</td><td colspan="2">□ 工具齐全
□ 缺少工具(　　)
□ 错选工具</td><td>共 15 分
每少一件工具扣 5 分
规格选错每件扣 5 分</td><td></td></tr>
<tr><td rowspan="3">3</td><td rowspan="3">能按照检查标准规范进行检查</td><td colspan="2">□ 能根据编号准确找到对应转向架构架在机车中的布置位置</td><td>共 5 分，完成得分</td><td rowspan="3"></td></tr>
<tr><td colspan="2">□ 按检查标准和要求对构架各梁焊缝进行检查</td><td>共 30 分，每完成一项得 5 分</td></tr>
<tr><td colspan="2">□ 按检查标准和要求对构架各梁安装座焊缝进行检查</td><td>共 30 分，每完成一项得 5 分</td></tr>
<tr><td colspan="5">总　计</td><td></td></tr>
</table>

任务评价

构架日常检查评价表

<table>
<tr><td>班级：</td><td>姓名：</td><td>学号：</td><td>同组人：</td></tr>
<tr><td>评价项目</td><td>评价内容</td><td>得分</td><td>评价主体</td></tr>
<tr><td rowspan="2">理论知识准备</td><td>(1)能说出转向架构架的主要作用(10 分)</td><td></td><td rowspan="2">□ 师评
□ 自评
□ 互评</td></tr>
<tr><td>(2)能说出转向架构架的组成名称(10 分)</td><td></td></tr>
<tr><td rowspan="3">实操检查过程</td><td>(1)检查表填写完整、清晰、工整(5 分)</td><td></td><td rowspan="2">□ 师评
□ 自评
□ 互评</td></tr>
<tr><td>(2)检查过程有序(5 分)</td><td></td></tr>
<tr><td>(3)能够安全规范进行检查(50 分)</td><td></td><td>□ 师评
□ 自评
□ 互评</td></tr>
<tr><td rowspan="2">课堂表现</td><td>(1)知识引导部分填写完整(10 分)</td><td></td><td rowspan="2">□ 师评
□ 自评
□ 互评</td></tr>
<tr><td>(2)小组贡献度(10 分)</td><td></td></tr>
<tr><td colspan="2">总　分</td><td colspan="2"></td></tr>
</table>

巩固练习

一、填空题

1. 构架是转向架其他部件的________基体，也是________和________的基体。

2. 机车运行中，构架承受车体的________、纵向的________和________、横向的轮轨________、离心力等。

二、选择题

1. HXD3C 型电力机车构架各个梁组焊后呈(　　)箱形梁结构。

A. “日”字形　　B. “目”字形　　C. “H”形

2. 构架上轴箱止挡与轴箱吊钩的间隙为(　　)。

A. 10 mm　　B. 15 mm　　C. 25 mm

三、判断题

1. HXD3C 型电力机车构架各个梁组焊后呈“日”字形箱形梁结构。(　　)

2. 机车日常运用过程中，构架容易产生裂纹。(　　)

四、简答题

1. 简述转向架构架的作用。

2. 简述 HXD3C 型电力机车转向架构架的组成，并绘制结构简图。

3. 总结 HXD3C 型电力机车转向架构架日常主要检查要点。

任务三　轮对日常检查

任务描述

机车运行中，如果轮对质量存在问题，一方面引发振动加剧，另一方面还可能出现脱轨事故。为防止行车事故的发生，按照 HXD_{3C} 型电力机车日常检查作业要求，要进行 HXD_{3C} 型电力机车日常检查，本任务日常检查的对象是机车轮对。

任务目标

1. 能够分析轮对的作用，认识轮对的组成，能够对轮对进行编号。
2. 认识车轮的踏面、轮缘、轮辋、轮毂和轮辐，能够分析车轮轮缘作用。
3. 能够按 HXD_{3C} 型电力机车轮对日常检查作业要求和标准对轮对进行检查。
4. 培养良好的职业习惯和团队协作精神。
5. 树立职业意识，培养安全意识、责任意识。

任务信息

一、轮对的作用

轮对是转向架最重要的关键部件之一。其作用是承担机车全部重量，引导机车沿轨道线路运行，并且承受机车与钢轨之间的各种动作用力，机车也通过轮对作用于钢轨，并产生牵引力或制动力。

要求车轴与车轮的配合绝不允许有任何松动现象发生，因此车轴与车轮采用过盈配合组装。为了保证机车的安全运行，轮对应具有足够的强度和刚度。同时在保证强度和使用寿命的前提下，应尽量减轻轮对的质量，并使其具有一定的弹性，以减少车轮与钢轨之间的动作用力和磨耗。

轮对的内侧距指的是左右轮对的内侧面的距离，它是车辆运行安全的一个重要参数。我国机车车辆的轮对内侧距标准为 1 353 mm。轮对内侧距过小会导致机车易发生脱轨现象；同时蛇行运动剧烈。内侧距过大会导致轮对内侧面磨损加剧，不利于列车通过曲线。

另外，轮对的设计还应有利于机车车辆顺利通过曲线和安全通过道岔。

思考：如果车轮和车轴出现松动，会产生什么后果？

二、轮对的组成

1. 轮对

轮对是由一根车轴和两个同型号车轮通过过盈配合牢固地结合在一起。采用轮盘式制动的机车车轮上还装有制动盘。

车轮分为轮箍轮心轮（韶山系列电力机车）和整体碾钢轮（和谐系列电力机车）两种。

整体辗钢轮包括踏面、轮缘、轮辋、辐板和轮毂。轮辋是车轮上最外的一圈，在轮辋部分，车轮与钢轨的接触面称为踏面；一个突出的圆弧部分称为轮缘，其作用是保持机车沿钢轨运行，防止脱轨。轮毂是车轮与车轴相互配合的部分，辐板是连接轮辋与轮毂的部分，如图 3-14 所示。

HXD3C 型电力机车轮对如图 3-15 所示，车轮两侧还装有制动盘，制动盘通过螺栓安装在车轮辐板上。车轮采用整体辗钢车轮，踏面为 JM3 型磨耗型踏面。

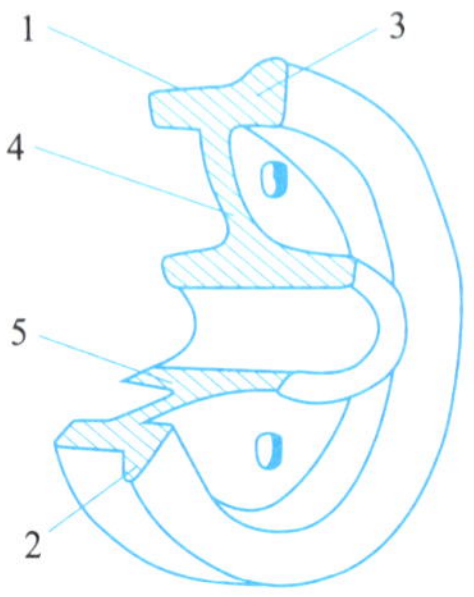

图 3-14　车轮

1—踏面；2—轮缘；3—轮辋；4—辐板；5—轮毂

图 3-15　轮对装配

1—制动盘；2—车轴；3—车轮

思考：早期机车车轮的踏面为什么制成锥形？磨耗型踏面相比锥形踏面又有什么优点？

驱动装置安装在机车车轴上，HXD3C 型电力机车的轮对和驱动装置装配如图 3-16 所示。

HXD3C 型电力机车有 2 个 3 轴转向架，每个转向架有 3 个轮对，全车共 6 个轮对。从Ⅰ位端到Ⅱ位端分别是轮对1～轮对 6。机车左侧车轮分别为左侧车轮 1～左侧车轮 6，机车右侧车轮分别为右侧车轮 1～右侧车轮 6。

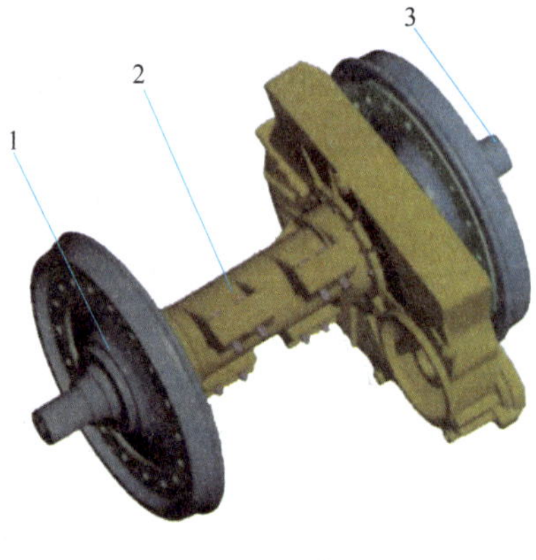

图 3-16　轮对和驱动装置

1—车轮装配(车轮、制动盘)；2—驱动装置；3—车轴

我国机车车轮直径为 1 250 mm(新轮)，1 200 mm(半磨耗)，1 150 mm(全磨耗)。

早期机车车辆踏面形状制成 1∶20 和 1∶10 斜度的锥形踏面，如图 3-17 所示，锥形踏面便于顺利通过曲线，同时在直线上运行时借助蛇行运动，可以使踏面形成均匀磨耗。研究人员观察发现锥形踏面磨损达到一定凹度后，外形便相对稳定，开始磨耗变慢，这就是磨耗型踏面的雏形。

近年来，如图 3-18 所示的磨耗型踏面得到广泛应用。

和谐型电力机车均采用整体辗钢车轮，JM3 型磨耗型踏面。车轮磨耗到限后，需要进行旋轮修理。

磨耗型踏面与锥形踏面相比，延长了旋轮里程，减少了旋轮车削量，减少了过曲线轮缘磨耗，进而降低了运营成本。

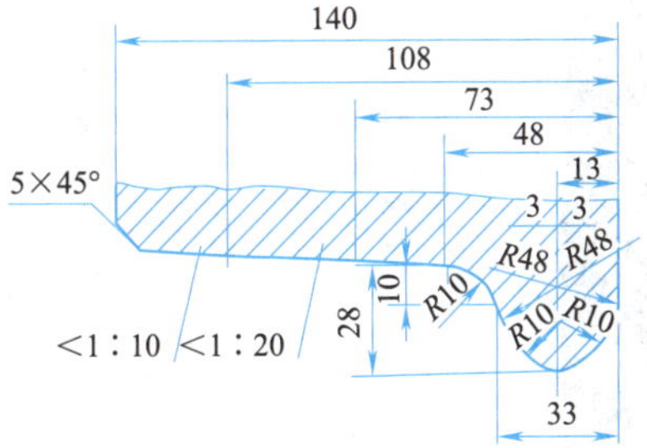

图 3-17　锥形踏面(单位：mm)

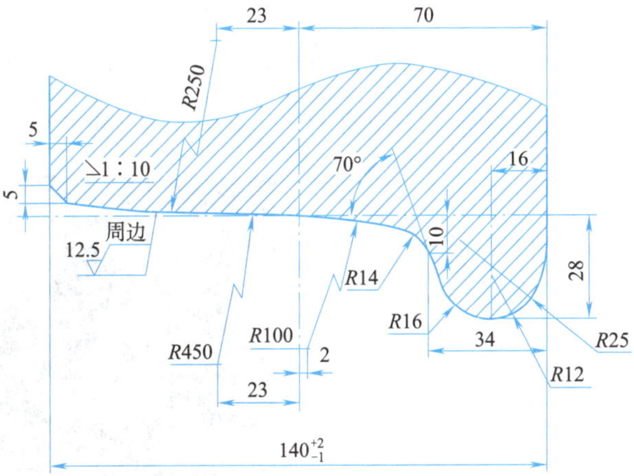

图 3-18　磨耗型踏面(单位：mm)

三、轮对的日常检查

HXD3C 型电力机车轮对日常检查内容如下。

1. 目视检查轮对

(1)要求踏面沿径向无裂纹；擦伤深度不大于 0.7 mm，如图 3-19 所示；剥离深度不大于 1 mm，长度不大于 40 mm，如图 3-20 所示；踏面磨耗深度不大于 7 mm。当车轮直径达到 1 150 mm时必须报废。

(2)轮缘无裂纹，垂直磨耗不超过 18 mm。

2. 目视检查制动盘

(1)无偏磨情况、无贯穿裂纹。

(2)严禁敲击制动盘任何部位。

图 3-19　踏面擦伤

图 3-20　踏面剥离

四、轮对日常检查作业指导书

HXD3C型电力机车轮对日常检查作业指导书

序号	检查项目	检查方法	图示说明	检查要求及标准
1	轮对检查	目视	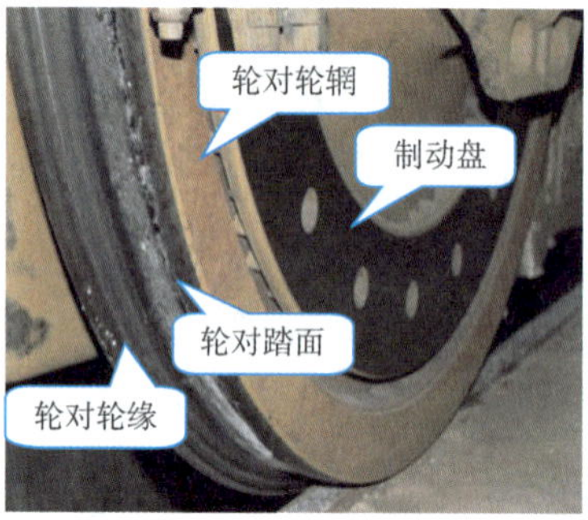	踏面沿径向无裂纹，踏面擦伤深度不大于0.7 mm，剥离深度不大于1 mm，长度不大于40 mm 轮缘无裂纹，垂直磨耗不超过18 mm 车轮直径不得小于1 150 mm
2	制动盘检查	目视		检查制动盘，无偏磨情况，无贯穿裂纹 严禁敲击制动盘任何部位

知识引导

轮对日常检查知识学习引导

日期		班级	
姓名		学号	

(1)看题图 3-4 观察 HXD$_{3C}$ 型电力机车,每个转向架有几个轮对?如何对轮对进行编号?轮对的作用是什么?并根据机车零部件编号规则,给图中机车轮对和车轴进行编号,并标注。

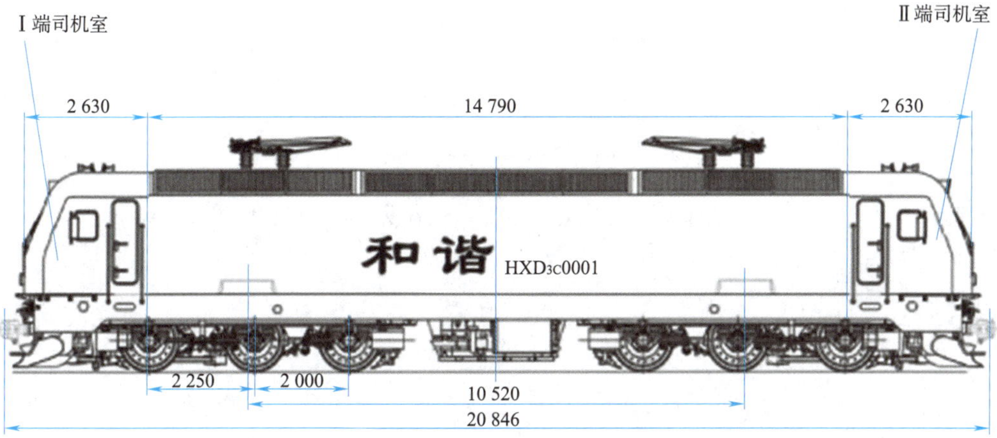

题图　3-4

(2)看题图 3-5 观察轮对由哪几部分组成?在图中标注出轮对各部分名称。

题图　3-5

1—＿＿＿＿＿＿;2—＿＿＿＿＿＿;3—＿＿＿＿＿＿

(3)简述踏面产生擦伤、剥离的原因,机车车辆踏面擦伤、剥离后,在运行中会产生什么现象,有何危害?

(4)敲击制动盘有何危害?

任务实施

一、安全防护准备

防护工具	检查内容
安全帽	有□，无□
手套	有□，无□
渡板检查	已检查，完好□

二、工具准备

工具明细表			
序号	名称	数量	是否完好
1	手电筒		
2	棉丝		
3	检查锤/小撬棍		

三、小组分工

序号	成员姓名	职责
1		检查
2		记录
3		班组长：安全监督，录像

四、检查记录单

轮对日常检查记录单

<table>
<tr><td colspan="2">班级：</td><td>姓名：</td><td>学号：</td><td>同组人：</td></tr>
<tr><td colspan="2">机车号</td><td colspan="3"></td></tr>
<tr><td colspan="2">检查对象</td><td colspan="3"></td></tr>
<tr><td>检查对象/编号</td><td>检查内容/检查方法</td><td>检查内容</td><td colspan="2">状态记录</td></tr>
<tr><td rowspan="8">轮对/
(　　)</td><td rowspan="6">车轮/
(　　)</td><td>踏面沿径向有无裂纹</td><td colspan="2">□ 状态良好，无裂纹
□ 有裂纹</td></tr>
<tr><td>踏面有无擦伤</td><td colspan="2">□ 状态良好，无擦伤
□ 有擦伤</td></tr>
<tr><td>轮辋有无裂纹</td><td colspan="2">□ 状态良好，无裂纹
□ 有裂纹</td></tr>
<tr><td>轮毂有无裂纹</td><td colspan="2">□ 状态良好，无裂纹
□ 有裂纹</td></tr>
<tr><td>轮辐有无裂纹</td><td colspan="2">□ 状态良好，无裂纹
□ 有裂纹</td></tr>
<tr><td>轮缘有无碾堆</td><td colspan="2">□ 状态良好，无碾堆
□ 有碾堆</td></tr>
<tr><td rowspan="2">车轴/
(　　)</td><td>安装是否牢固</td><td colspan="2">□ 安装牢固
□ 有弛缓</td></tr>
<tr><td>车轴有无裂纹</td><td colspan="2">□ 状态良好，无裂纹
□ 有裂纹</td></tr>
<tr><td colspan="5">故障情况记录：</td></tr>
<tr><td colspan="4">检查时间：　年　月　日　时　分</td><td>检查人签字：</td></tr>
<tr><td colspan="3">记录人签字：</td><td colspan="2">班组长签字：</td></tr>
<tr><td>填表要求</td><td colspan="4">(1)检查对象编号按老师分配的具体任务编号填写，不能照抄照搬。
(2)检查内容的检查方法在对应(　　)中注明目视或手检。
(3)状态纪录按检查实际情况，在□内打“√”。
(4)故障记录栏填写发现的问题，填写规范、问题描述清晰，字迹书写清晰。
(5)签字项需填写全名，不得代签、涂改。</td></tr>
</table>

五、监督与考核

轮对日常检查监督考核表

<table>
<tr><td colspan="2">班级：</td><td>姓名：</td><td colspan="2">学号：　　　　同组人：</td></tr>
<tr><td colspan="5">记录人：</td></tr>
<tr><td>序号</td><td>安全监督内容</td><td>记录</td><td>分值</td><td>得分</td></tr>
<tr><td>1</td><td>劳动保护及安全文明</td><td>□ 执行安全操作规程，佩戴安全帽、手套
□ 爱护设备及工具
□ 着装整洁；保持工作环境清洁</td><td>共 15 分
每缺少一道安全防护扣 5 分</td><td></td></tr>
<tr><td>2</td><td>操作前将所需工具准备齐全</td><td>□ 工具齐全
□ 缺少工具(　　)
□ 错选工具</td><td>共 10 分
每少一件工具扣 3 分
规格选错每件扣 3 分</td><td></td></tr>
<tr><td>3</td><td>能按照检查标准要求规范进行检查</td><td>□ 能根据编号准确找到轮对在转向架的布置位置
□ 按检查标准和要求对轮对踏面进行检查
□ 按检查标准和要求对轮缘进行检查
□ 按检查要求对轮辋、轮辐和轮毂进行检查
□ 按检查要求对车轴进行检查</td><td>共 25 分
每完成一项得 5 分
检查位置不正确、检查不标准不得分</td><td></td></tr>
<tr><td colspan="4">总　　计</td><td></td></tr>
</table>

任务评价

轮对日常检查评价表

<table>
<tr><td>班级：</td><td>姓名：</td><td>学号：</td><td>同组人：</td></tr>
<tr><td>评价项目</td><td>评价内容</td><td>得分</td><td>评价主体</td></tr>
<tr><td rowspan="2">理论知识准备</td><td>(1)能说出轮对各组成部件名称(10 分)</td><td></td><td rowspan="2">□ 师评
□ 自评
□ 互评</td></tr>
<tr><td>(2)能描述轮缘的作用(10 分)</td><td></td></tr>
<tr><td rowspan="3">实操检查过程</td><td>(1)检查表填写完整、清晰、工整(5 分)</td><td></td><td rowspan="2">□ 师评
□ 自评
□ 互评</td></tr>
<tr><td>(2)检查过程有序(5 分)</td><td></td></tr>
<tr><td>(3)能够安全规范进行检查(50 分)</td><td></td><td>□ 师评
□ 自评
□ 互评</td></tr>
<tr><td rowspan="2">课堂表现</td><td>(1)知识引导部分填写完整(10 分)</td><td></td><td rowspan="2">□ 师评
□ 自评
□ 互评</td></tr>
<tr><td>(2)小组贡献度(10 分)</td><td></td></tr>
<tr><td colspan="2">总　　分</td><td colspan="2"></td></tr>
</table>

巩固练习

一、填空题

1. 轮对的作用是承担________________，引导机车车辆沿________运行，并且承受机车车辆与钢轨之间的各种动作用力，机车也通过________作用于钢轨，并产生牵引力或制动力。

2. 轮对是由一根________和两个同型号________通过____________牢固地结合在一起，采用轮盘式制动的机车车轮上还装有____________。

3. 整体辗钢轮包括________、________、轮辋、辐板和轮毂。

4. 车轮分为轮箍轮心轮和整体碾钢轮两种，HXD3C 型电力机车采用________________。

5. 踏面形式有锥形踏面和磨耗型踏面两种，HXD3C 型电力机车采用________________踏面。

二、选择题

1. 轮对的车轮和车轴之间采用(　　)配合。

A. 过盈　　B. 过渡　　C. 间隙

2. HXD3C 型电力机车的每个转向架车轮新轮直径为(　　)。

A. 1 250 mm　　B. 1 200 mm　　C. 1 150 mm

3. 我国机车车辆轮对内侧距为(　　)。

A. 1 250 mm　　B. 1 353 mm　　C. 1 435 mm

4. 踏面磨耗深度不大于(　　)。

A. 10 mm　　B. 0.7 mm　　C. 7 mm

三、判断题

1. HXD3C 型电力机车的车轮踏面采用锥形踏面。(　　)

2. 日常检查要求轮缘无裂纹，垂直磨耗不超过 7 mm。(　　)

3. HXD3C 型电力机车的车轮直径到 1 050 mm 时必须报废。(　　)

4. 目视检查制动盘，要求无偏磨情况、无贯穿裂纹。(　　)

四、简答题

1. 简述轮对的作用。

2. HXD3C 型电力机车轮对的组成。

3. 总结 HXD3C 型电力机车轮对的日常检查要点。

任务四　轴箱装置日常检查

任务描述

机车运行中，把车轮的滚动变成车体平动的重要装置就是轴箱装置。轴箱轴承润滑情况好坏直接影响行车安全，严重还可能引发燃轴事故。为防止行车事故的发生，按照 HXD_{3C} 型电力机车日常检查作业要求，要进行 HXD_{3C} 机车日常检查，本任务日常检查的对象是机车轴箱装置。

任务目标

1. 能够分析轴箱装置的作用，认识轴箱装置的组成，能够对轴箱装置进行编号。
2. 理解轴箱定位的概念及要求。
3. 能够按 HXD_{3C} 型电力机车轴箱装置日常检查作业要求和标准对轴箱装置进行检查。
4. 培养良好的职业习惯和团队协作精神。
5. 树立职业意识，培养安全意识、责任意识。

任务信息

一、轴箱装置的作用

轴箱安装在车轴两端的轴颈上，用来安装轴承，并将全部簧上载荷包括垂直方向的动载荷传给车轴，将来自轮对的牵引力或制动力传到转向架构架上。此外，它还传递轮对与构架间的横向作用力和纵向动作用力。

二、轴箱装置的组成

HXD_{3C} 型电力机车轴箱采用独立悬挂，轴箱装置主要由前端盖、后端盖、轴箱体、整体圆柱滚子轴承、压盖、轴箱拉杆等组成，轴箱装配结构如图 3-21 所示，图中，减振垫 5、轴箱弹簧 6、吊钩 7 和垂向减振器 8 属于一系悬挂装置。

此外，根据需要，转向架左右两侧的轴箱端部结构有所不同，转向架左侧每轴都装有一个接地装置（作用是保证网侧回路向钢轨的回流及可靠接地性能，同时保护轮对轴承不受电蚀），如图 3-22 所示。转向架右侧中间轴装有速度传感器，如图 3-23 所示。

思考： 想一想，轴箱的轴端为什么要安装接地装置和速度传感器？起什么作用？

三、轴箱定位

轴箱是构架的一个活动关节，轴箱与构架的连接方式通常称为轴箱定位。轴箱定位的结构性能对机车的运行品质有很大影响。

由于轴箱位置决定了轮对的位置，所以轴箱定位也就起到了固定轴距和限制轮对活动范围的作用。

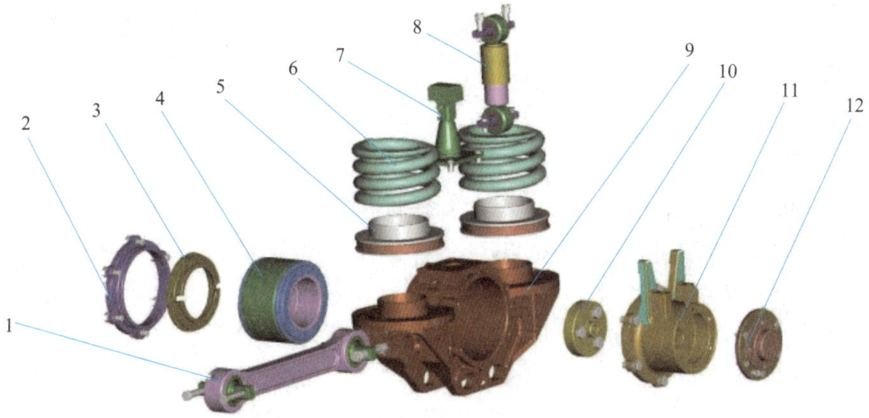

图 3-21　轴箱装配结构图

1—轴箱拉杆；2—后端盖；3—防尘圈；4—整体圆柱滚子轴承；5—减振垫；6—轴箱弹簧(钢弹簧)；7—吊钩；8—垂向减振器；9—轴箱体；10—压盖；11—前端盖；12—接地装置

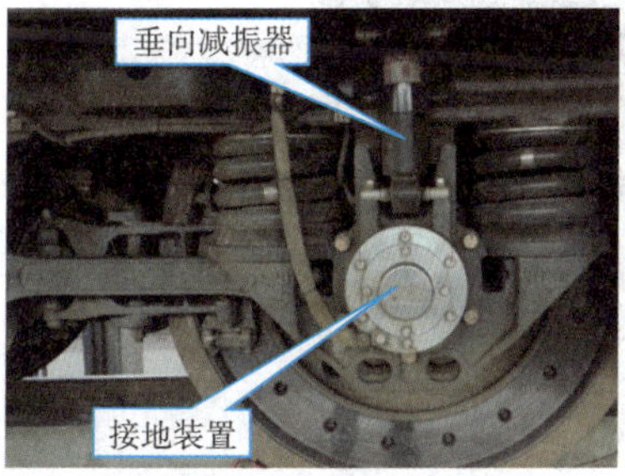

(a) 1、3、4、6轴 (装有垂向减振器)

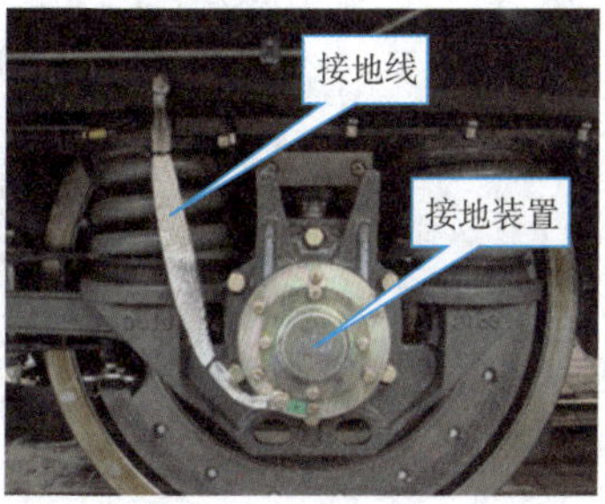

(b) 2、5轴

图 3-22　安装接地装置轴端

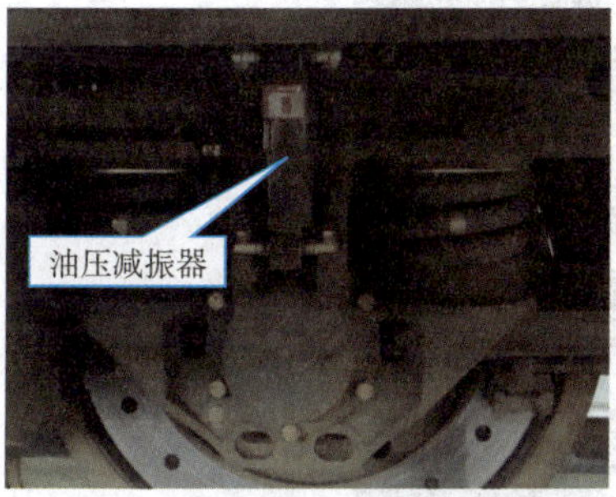

(a) 1、3、4、6轴 (装有垂向减振器)

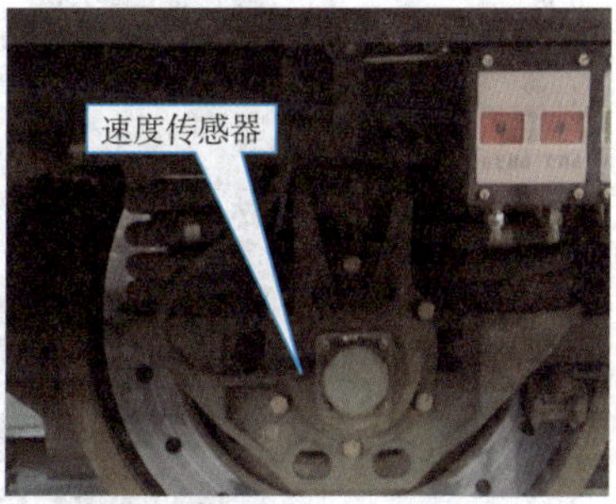

(b) 2、5轴 (装有速度传感器)

图 3-23　未安装接地装置轴端

轴箱定位的要求包括三个方面：一方面应保证轴箱能够相对于构架在机车运行中作垂向位移(垂向跳动)，以保证弹簧装置能够充分发挥其缓和冲击的作用；另一方面，在过曲线时，轴箱应该能够相对于转向架构架做少量的横向位移(横动)，有利于机车通过几何曲线；最后，在纵向则还要求有较大的刚度，保证牵引力、制动力的传递。

HXD3C 型电力机车轴箱定位采用单拉杆式定位的轴箱结构。

思考：HXD3C 型电力机车的轴箱相对构架垂向和横向位移是如何实现的？纵向刚度是如何保证的？

四、轴箱装置日常检查内容

HXD3C 型电力机车轴箱装置日常检查内容如下。

（1）轴箱及拉杆装配：目视检查安装状态，螺栓安装牢固，防缓线清晰无错位；轴箱端盖无裂损、渗油；拉杆及橡胶件完好。

（2）轴箱接地线：目视检查安装状态，接地线安装牢固，断股不超过 10%。

（3）轴端速度传感器：安装牢固，线路无磨损，外包绝缘良好。

五、轴箱装置日常检查作业指导书

HXD3C 型电力机车轴箱装置日常检查作业指导书

序号	检查项目	检查方法	图示说明	作业内容及标准
1	轴箱及拉杆装配	目视	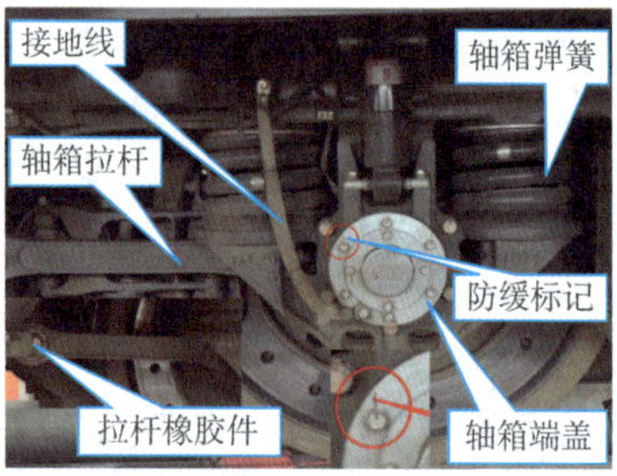	目视检查安装状态，螺栓安装牢固，防缓线清晰无错位；轴箱端盖无裂损、渗油；拉杆及橡胶件完好
2	轴箱接地线	目视	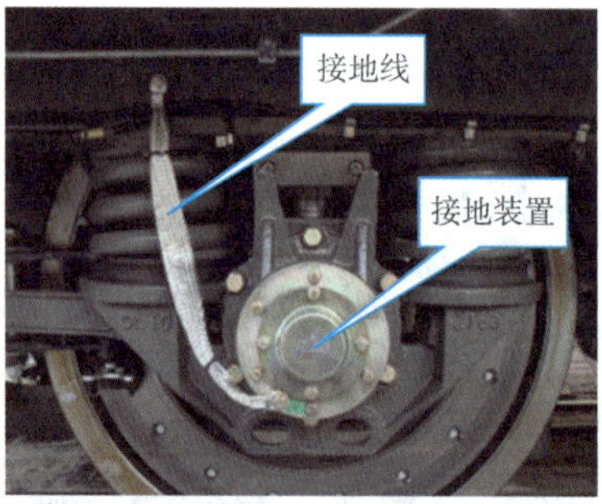	目视检查安装状态，接地线安装牢固，断股不超过 10%
3	轴端速度传感器	目视		安装牢固，线路无磨损，外包绝缘良好

知识引导

轴箱装置日常检查知识学习引导

日期		班级	
姓名		学号	

(1)看题图 3-6 观察 HXD3C 型电力机车,每个转向架有几个轴箱?如何对轴箱进行编号?轴箱的作用是什么?

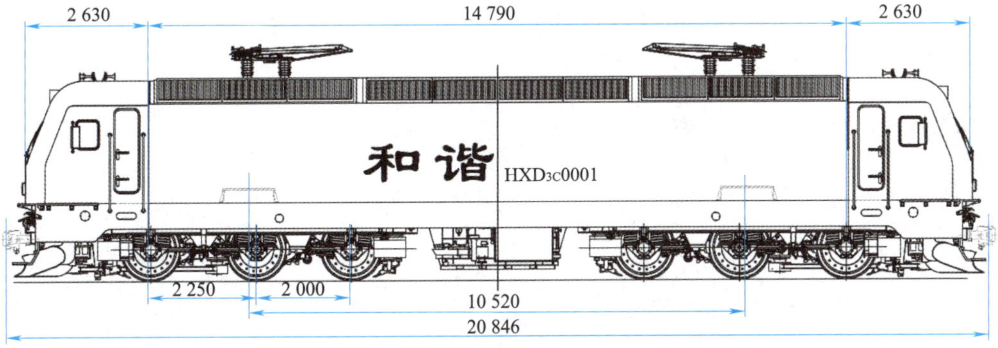

题图　3-6

(2)看题图 3-7 观察轴箱由哪几部分组成?在题图 3-7 中标注出轮对各部分名称。

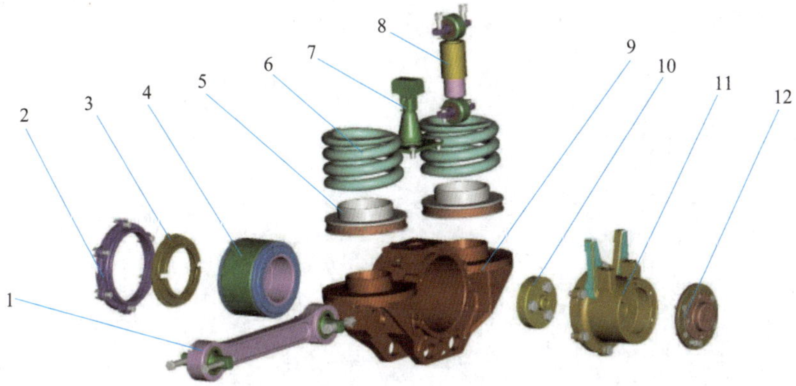

题图　3-7

1—____________;2—____________;3—____________;

4—____________;5—____________;6—____________;

7—____________;8—____________;9—____________;

10—____________;11—____________;12—____________

续上表

(3)轴箱定位的作用是什么?   (4)接地装置的作用是什么?   (5)轴箱装置日常检查要点是什么?

任务实施

一、安全防护准备

防护工具	检查内容
安全帽	有□,无□
手套	有□,无□
渡板检查	已检查,完好□

二、工具准备

工具明细表			
序号	名称	数量	是否完好
1	手电筒		
2	棉丝		
3	检查锤/小撬棍		

三、小组分工

序号	成员姓名	职责
1		检查
2		记录
3		班组长:安全监督,录像

四、检查记录单

轴箱装置日常检查记录单

<table>
<tr><td>班级：</td><td colspan="2">姓名：</td><td colspan="2">学号：</td><td>同组人：</td></tr>
<tr><td colspan="2">机车号</td><td colspan="4"></td></tr>
<tr><td colspan="2">检查对象</td><td colspan="4"></td></tr>
<tr><td>检查对象/编号</td><td>检查内容/检查方法</td><td colspan="2">检查内容</td><td colspan="2">状态记录</td></tr>
<tr><td rowspan="5">轴箱装置/
（　　）</td><td rowspan="3">轴箱及拉杆装配/
（　　）</td><td colspan="2">螺栓安装牢固，防缓线清晰无错位</td><td colspan="2">□ 状态良好
□ 螺栓松动，防缓线错位</td></tr>
<tr><td colspan="2">轴箱端盖无裂损、渗油</td><td colspan="2">□ 状态良好
□ 端盖裂损，有渗油</td></tr>
<tr><td colspan="2">拉杆及橡胶件完好</td><td colspan="2">□ 状态良好
□ 橡胶件老化有裂纹</td></tr>
<tr><td>轴箱接地线/
（　　）</td><td colspan="2">接地线安装牢固，断股不超过10%</td><td colspan="2">□ 状态良好
□ 接地线断股超过10%
□ 安装有松动</td></tr>
<tr><td>轴端速度传感器/
（　　）</td><td colspan="2">安装牢固，线路无磨损，外包绝缘良好</td><td colspan="2">□ 状态良好
□ 外包线破损
□ 安装有松动</td></tr>
<tr><td colspan="6">故障记录：</td></tr>
<tr><td colspan="5">检查时间：　年　月　日　时　分</td><td>检查人签字：</td></tr>
<tr><td colspan="3">记录人签字：</td><td colspan="3">班组长签字：</td></tr>
<tr><td>填表要求</td><td colspan="5">(1)检查对象编号按老师分配的具体任务编号填写，不能照抄照搬。
(2)检查内容的检查方法在对应(　　)中注明目视或手检。
(3)状态纪录按检查实际情况，在□内打“√”。
(4)故障记录栏填写发现的问题，填写规范、问题描述清晰，字迹书写清晰。
(5)签字项需填写全名，不得代签、涂改。</td></tr>
</table>

五、监督与考核

轴箱日常检查监督考核表

班级：		姓名：	学号：	同组人：
记录人：				
序号	安全监督内容	记录	分值与考核	得分
1	劳动保护及安全文明	□ 执行安全操作规程，佩戴安全帽、手套 □ 爱护设备及工具 □ 着装整洁；保持工作环境清洁	共 15 分 每缺少一道安全防护扣 5 分	
2	操作前将所需工具准备齐全	□ 工具齐全 □ 缺少工具(　　) □ 错选工具	共 10 分 每少一件工具扣 3 分 规格选错每件扣 3 分	
3	能按照检查标准要求规范进行检查	□ 能根据编号准确找到轴箱在转向架的布置位置 □ 按检查标准和要求对轴箱及拉杆装配进行检查 □ 按检查标准和要求对轴端接地线进行检查 □ 按检查要求对轴端速度传感器进行检查	共 25 分 每完成一项得 6 分 检查位置不正确、检查不标准不得分	
总　计				

任务评价

轴箱装置日常检查评价表

班级：	姓名：	学号：	同组人：
评价项目	评价内容	得分	评价主体
理论知识准备	(1)能说出轴箱各组成部件名称(10 分)		□ 师评 □ 自评 □ 互评
	(2)能描述轴箱的作用(10 分)		
实操检查过程	(1)检查表填写完整、清晰、工整(5 分)		□ 师评 □ 自评 □ 互评
	(2)检查过程有序(5 分)		
	(3)能够安全规范进行检查(50 分)		□ 师评 □ 自评 □ 互评
课堂表现	(1)知识引导部分填写完整(10 分)		□ 师评 □ 自评 □ 互评
	(2)小组贡献度(10 分)		
总　分			

巩固练习

一、填空题

1. 轴箱安装在车轴两端的轴颈上，用来安装________。

2. HXD3C 型电力机车轴箱采用________悬挂，轴箱主要由前端盖、后端盖、________、整体圆柱滚子轴承、压盖、____________、接地装置、轴箱拉杆等组成。

二、判断题

1. 轴箱检查要求无明显漏油现象。（　　）

2. 轴箱装配各紧固螺栓无松动。（　　）

三、简答题

1. 简述轴箱装置的作用。

2. 简述 HXD3C 型电力机车轴箱装置的组成及不同结构组成的轴箱装置在转向架上的分布。

3. 总结轴箱检查要点。

任务五　弹簧悬挂装置日常检查

任务描述

机车运行中，弹簧悬挂装置对保护车内外设备不被振松、振裂、振坏和提高司乘人员和乘客的舒适性，改善机车车辆运行品质起着至关重要的作用。按照 HXD3C 型电力机车日常检查作业要求，要进行 HXD3C 型电力机车日常检查，本任务日常检查的对象是机车弹簧悬挂装置。

任务目标

1. 能够分析弹簧悬挂装置的作用，认识一系和二系悬挂装置的各组成部件，能够对一系、二系悬挂装置进行编号。

2. 能够按 HXD3C 型电力机车弹簧悬挂装置日常检查作业要求和标准对弹簧悬挂装置进行检查。

3. 培养良好的职业习惯和团队协作精神。

4. 树立职业意识，培养安全意识、责任意识。

任务信息

弹簧悬挂装置是机车转向架重要组成部分，它的结构、性能直接影响机车动力性能的好坏。

一、弹簧悬挂装置的作用

弹簧悬挂装置有两个作用，一方面是给转向架各轴以一定的重量分配，并使所分配的重量在机车车轮行经不同线路时，不致发生显著变化，即保持比较稳定的轴重；另一方面是机车行经线路不平顺处或因车轮不圆而发生冲击、振动时，可以缓和对机车和线路结构的破坏作用，即起到缓和冲击的作用。

因此，机车具有良好的弹簧悬挂装置，能使机车运行平稳，振动减小，保护车内的设备免于振松、振裂和振坏，延长使用寿命；同时，也可提高乘务人员的舒适性、减轻疲劳，对行车安全有积极意义。

二、弹簧悬挂装置的组成

为了增加机车的静挠度，提高机车运行平稳性，减少机车对线路的动作用力，现代电力机车都采用两系悬挂装置，一系悬挂又称主悬挂，设置在转向架构架和轴箱之间，二系悬挂又称次悬挂，设置在转向架构架和车体底架之间。

一系悬挂以上的重量减称为“簧上重量”，一系悬挂以下的重量称为“簧下重量”或者“死重量”，簧下重量产生的动作用力对线路危害很大，因此，要尽可能减轻簧下重量。

思考：对照图 3-1，试分析转向架上哪些部件属于簧上重量，哪些属于簧下重量？牵引电机的重量属于簧上重量还是簧下重量？

1. 一系悬挂装置

一系悬挂装置设置在轴箱和构架之间。

HXD3C 型电力机车一系悬挂装置主要由轴箱弹簧（钢弹簧）、橡胶减振垫、垂向减振器、轴箱拉杆和吊钩（整体起吊作用）等组成，如图 3-24、图 3-25 和图 3-26 所示。机车转向架 1 轴、3 轴、4 轴、6 轴都设置有垂向减振器，中间的 2 轴、5 轴不设垂向减振器，如图 3-25 所示。每个轴箱上安装两个钢弹簧，每个弹簧下部设置有橡胶减振垫，上部配有轴重调整垫（用于轴重在25 t和 23 t 之间调整）。

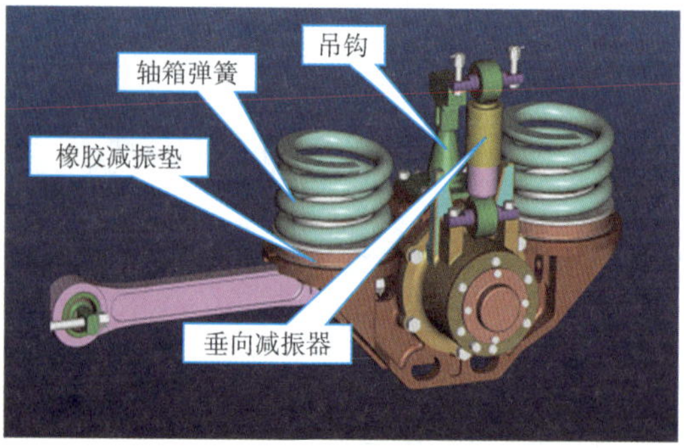

图 3-24　一系悬挂装置三维图

(a)1、3、4、6 轴

(b)2、5 轴

图 3-25　一系悬挂装置实物图

图 3-26　整体转向架一系悬挂装置实物图

思考：如图 3-26 所示转向架拍摄于机车的右侧，此照片中的转向架位于机车的Ⅰ位端还是Ⅱ位端？并给图中车轴进行编号？仔细观察中间轴的一系悬挂装置与其他两轴相比，在结构上有何不同？

2. 二系悬挂装置

HXD3C 型电力机车的二系悬挂装置如图 3-27 所示，采用高圆簧结构，主要由高圆弹簧、二系垂向减振器和横向减振器(抗蛇行减振器)等组成。每个转向架上有高圆弹簧 2 组(每组 3 个)、垂向减振器 2 个和横向减振器 2 个，高圆弹簧布置在构架左右侧梁的中间位置，每个高圆弹簧下部安装有橡胶减振垫，上端配有轴重调整垫(用于轴重在 25 t 和 23 t 之间调整)。二系垂向减振器布置在构架侧梁外侧靠近中部的位置，横向减振器布置在构架前、后端梁与车体底架之间。此外，与之配合工作的还有横向止挡、垂向止挡、摇头止挡、点头止挡等。

高圆弹簧支承机车上部结构重量，并通过它把车体上部的垂向静、动载荷及横向载荷传递给转向架。当机车通过曲线时，它可使车体与转向架之间产生相对位移，便于机车顺利通过曲线；当机车通过曲线后，它又可使转向架与车体之间快速恢复到原来的平衡位置。

设置垂向和横向减振器，可以使机车获得良好的运行品质。

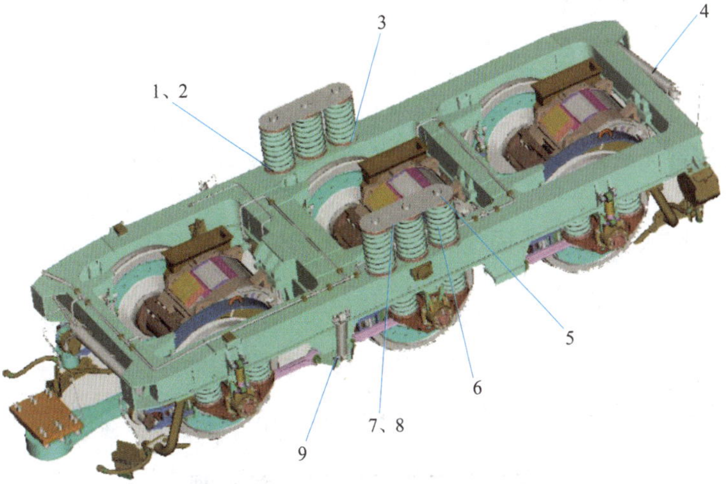

图 3-27　二系悬挂装置

1、2—调整弹簧垫片；3—减振垫；4—横向减振器(抗蛇行减振器)；5—连接座组成；6—高圆弹簧；7、8—调整垫片；9—二系垂向减振器

转向架构架上侧 2 轴及 5 轴附近的侧挡如图 3-28 所示(左右两侧要求相同)。与车体之间两侧的间隙之和为(40±10) mm。当两侧间隙之和超出该要求时，需进行调整。首先测量出其超出量，取其超出量的平均值作为调整垫片的厚度，分别加到两侧的侧挡上，并拧紧螺栓。

摇头止挡如图 3-29 所示。位于转向架上侧 1 轴及 6 轴附近。构架止挡与车体止挡间隙的两侧之和平均值为 199 mm。当两侧之和的平均值超出该要求时需进行调整。首先测量出其超出量的平均值，作为调整垫片的厚度，分别加到两侧的侧挡上，并拧紧螺栓。

图 3-28　二系悬挂装置横向侧挡

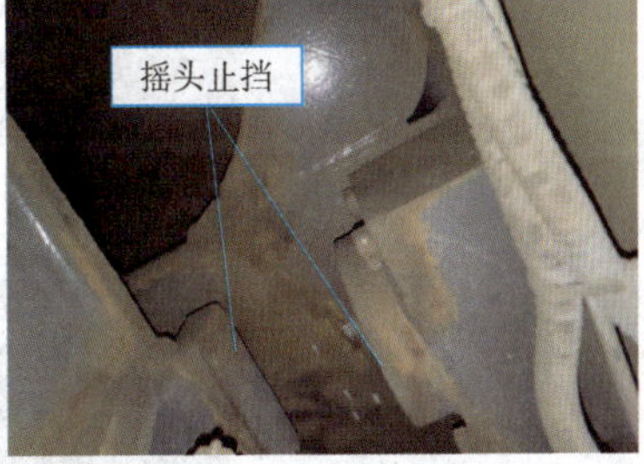

图 3-29　摇头止挡

思考：图 3-28 和图 3-29 展示了横向止挡和摇头止挡的位置，你认为垂向止挡和点头止挡布置在转向架构架哪个位置比较合适？

三、弹簧悬挂装置日常检查内容

HXD3C 型电力机车弹簧悬挂装置日常检查内容如下。

1. 一系、二系弹簧

弹簧状态良好，无压死、裂纹、断簧、出槽现象，弹簧座无断裂、变形，橡胶减振垫无老化、龟裂。

2. 一系、二系减振器及抗蛇行减振器

目视检查减振器油封状态；手动检查外罩，安装螺栓无松动，防缓线清晰无错位。安装座无裂损。橡胶件无缺损、无裂纹。无漏油、手动检查外罩无松动。

3. 侧向止挡

目视检查安装状态，安装牢固，防缓线清晰无错位，间隙正常。

四、弹簧悬挂装置日常检查作业指导书

HXD3C 型电力机车弹簧悬挂装置日常检查作业指导书

序号	检查项目	检查方法	图示说明	检查要求及标准
1	一系弹簧	目视	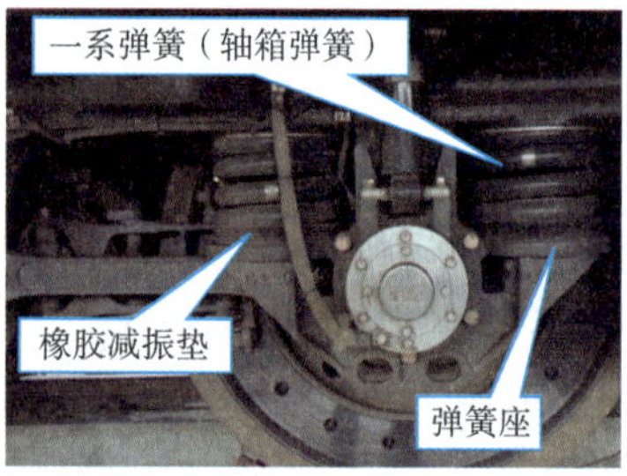	弹簧状态良好，无压死、裂纹、断簧、出槽现象，弹簧座无断裂、变形，橡胶减振垫无老化、龟裂
2	一系垂向减振器	目视 手触	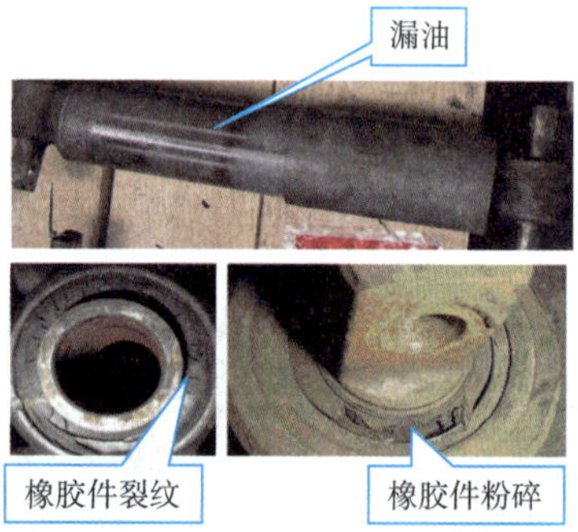	安装螺栓无松动，防缓线清晰无错位。安装座无裂损。橡胶件无缺损。无漏油、手动检查外罩无松动
3	二系弹簧	目视		弹簧状态良好，无压死、裂纹、断簧

续上表

序号	检查项目	检查方法	图示说明	检查要求及标准
4	二系垂向减振器	目视 手触		目视无漏油，手动检查外罩无松动，安装螺母牢固无松动，防缓线清晰无错位
5	横向减振器	目视 手触	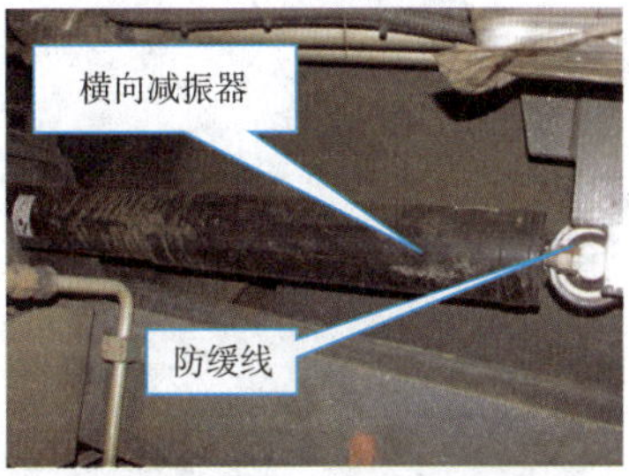	目视无漏油，手动检查外罩无松动，安装螺母牢固无松动，防缓线清晰无错位
6	车体侧挡	目视	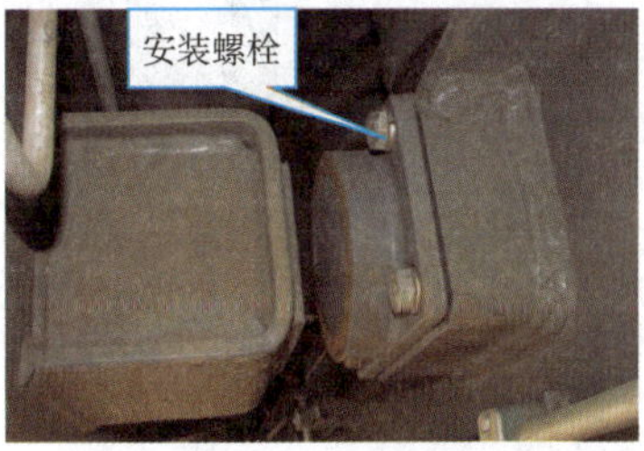	安装螺栓牢固，防缓线清晰无错位，间隙正常

知识引导

弹簧悬挂装置日常检查知识学习引导

日期		班级	
姓名		学号	

(1)弹簧悬挂装置的作用是什么？看题图 3-8 观察 HXD_{3C} 型电力机车转向架一系悬挂装置，1、3 轴和 2 轴有何不同？

题图 3-8

(2)看题图 3-9，说明题图 3-9 为哪个轴的一系悬挂装置？并标注题图 3-9 中各部件名称。

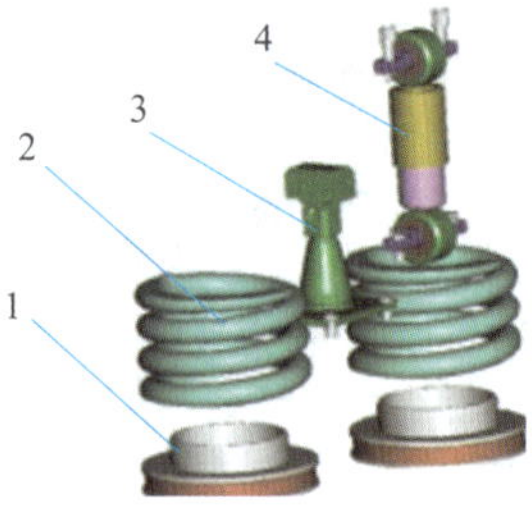

题图 3-9

1—__________；2—__________；3—__________；4—__________

(3) HXD_{3C} 型电力机车二系悬挂装置由哪几部分组成？

(4)一系弹簧悬挂装置的日常检查主要检查哪些方面？

(5) 二系弹簧悬挂装置的日常检查主要检查哪些方面？

任务实施

一、安全防护准备

防护工具	检查内容
安全帽	有□,无□
手套	有□,无□
渡板检查	已检查,完好□

二、工具准备

工具明细表			
序号	名称	数量	是否完好
1	手电筒		
2	棉丝		
3	检查锤/小撬棍		

三、小组分工

序号	成员姓名	职责
1		检查
2		记录
3		班组长:安全监督,录像

四、检查记录单

弹簧悬挂装置日常检查记录单

班级：	姓名：	学号：	同组人：
机车号			
检查对象			
检查对象/编号	检查内容/检查方法	检查内容	状态记录
一系弹簧/（　　）	圆弹簧/（　　）	状态良好，无压死、裂纹	□ 状态良好 □ 有裂纹 □ 有压死
	弹簧座/（　　）	无断裂、变形	□ 状态良好 □ 有裂纹、变形
	橡胶垫/（　　）	橡胶减振垫无老化、龟裂	□ 状态良好 □ 有老化裂纹
一系垂向减振器/（　　）	安装螺栓/（　　）	安装螺栓无松动，防缓线清晰无错位	□ 状态良好，安装牢固 □ 螺栓松动
	橡胶件/（　　）	橡胶件无缺损	□ 状态良好 □ 有老化裂纹
	是否漏油	无漏油、手动检查外罩无松动	□ 状态良好 □ 有漏油
二系弹簧/（　　）	弹簧状态/（　　）	弹簧状态良好，无压死、裂纹	□ 状态良好 □ 有压死、裂纹
二系垂向减振器/（　　）	安装螺栓/（　　）	安装螺栓无松动，防缓线清晰无错位	□ 状态良好，安装牢固 □ 螺栓松动
	是否漏油	无漏油、手动检查外罩无松动	□ 状态良好 □ 有漏油
横向减振器/（　　）	安装螺栓/（　　）	安装螺栓无松动，防缓线清晰无错位	□ 状态良好，安装牢固 □ 螺栓松动
	是否漏油/（　　）	无漏油、手动检查外罩无松动	□ 状态良好 □ 有漏油
车体侧挡/（　　）	安装螺栓/（　　）	安装螺栓牢固，防缓线清晰无错位，间隙正常	□ 状态良好，螺栓牢固 □ 螺栓有松动
故障记录：			
检查时间：　年　月　日　时　分			检查人签字：
记录人签字：		班组长签字：	
填表要求	（1）检查对象编号按老师分配的具体任务编号填写，不能照抄照搬。 （2）检查内容的检查方法在对应（　　）中注明目视或手检。 （3）状态纪录按检查实际情况，在□内打“√”。 （4）故障记录栏填写发现的问题，填写规范、问题描述清晰，字迹书写清晰。 （5）签字项需填写全名，不得代签、涂改。		

五、监督与考核

弹簧悬挂装置日常检查监督考核表

班级：		姓名：	学号：	同组人：
记录人：				
序号	安全监督内容	记录	分值	得分
1	劳动保护及安全文明	□ 执行安全操作规程，佩戴安全帽、手套 □ 爱护设备及工具 □ 着装整洁；保持工作环境清洁	共 15 分 每缺少一道安全防护扣 5 分	
2	操作前将所需工具准备齐全	□ 工具齐全 □ 缺少工具(　　) □ 错选工具	共 10 分 每少一件工具扣 3 分 规格选错每件扣 3 分	
3	能按照检查标准要求规范进行检查	□ 能根据编号准确找到一系、二系弹簧悬挂装置在转向架的布置位置 □ 按检查标准和要求对一系弹簧、二系弹簧进行检查 □ 按检查标准和要求对一系、二系和横向垂向减振器进行检查 □ 按检查要求对车体侧挡进行检查	共 20 分 每完成一项得 5 分 检查位置不正确、检查不标准不得分	
总　计				

任务评价

弹簧悬挂装置日常检查评价表

评价项目	评价内容	得分	评价主体
理论知识准备	(1)能区分一系和二系弹簧悬挂装置，正确说出各组成部件名称(15 分)		□ 师评 □ 自评 □ 互评
	(2)能描述弹簧悬挂装置的作用(10 分)		
实操检查过程	(1)检查表填写完整、清晰、工整(5 分)		□ 师评 □ 自评 □ 互评
	(2)检查过程有序(5 分)		
	(3)能够安全规范进行检查(45 分)		□ 师评 □ 自评 □ 互评
课堂表现	(1)知识引导部分填写完整(10 分)		□ 师评 □ 自评 □ 互评
	(2)小组贡献度(10 分)		
总　分			

巩固练习

一、填空题

1. HXD3C 型电力机车一系悬挂装置主要由________、橡胶减振垫、________、垂向减振器和吊钩等组成，转向架一轴和三轴的一系悬挂装置设置有________________。

2. HXD3C 型电力机车的二系悬挂装置由____________、____________和横向减振器等组成。

二、选择题

1. 弹簧悬挂装置中，设置在转向架构架和轴箱之间是(　　)。

A. 两系悬挂　　B. 一系悬挂　　C. 二系悬挂

2. 弹簧悬挂装置中，设置在转向架构架和车体底架之间的是(　　)。

A. 两系悬挂　　B. 一系悬挂　　C. 二系悬挂

3. 使轴箱相对构架有足够纵向刚度的是(　　)。

A. 轴箱弹簧　　B. 垂向减振器　　C. 轴箱拉杆

三、判断题

1. HXD3C 型电力机车转向架二轴的一系悬挂装置，除了有钢弹簧、橡胶减振垫、轴箱拉杆和吊钩等组成外，还设置有垂向减振器。(　　)

2. 检查减振器需要目视检查外观是否漏油。(　　)

3. 检查减振器和支架之间的螺栓连接是否有松动，防缓线是否有错位。(　　)

4. 检查二系悬挂时需要目视检查弹簧可视部位有无裂纹和折断。(　　)

5. 机车二系悬挂装置有利于机车顺利通过曲线。(　　)

6. HXD3C 型电力机车通过二系悬挂弹簧加减调整垫片来调整轴重。(　　)

四、简答题

1. 简述机车设置弹簧悬挂装置的作用是什么？

2. 总结弹簧悬挂装置日常检查的要点。

任务六　驱动装置日常检查

任务描述

机车运行中,牵引电机产生的力矩,经过齿轮传动装置传递给车轮,驱动车轮转动,这个驱动车轮转动的装置就是驱动装置。按照 HXD_{3C} 型电力机车日常检查作业要求,要进行 HXD_{3C} 型电力机车日常检查,本任务日常检查的对象是机车驱动装置。

任务目标

1. 能够分析驱动装置的作用,认识驱动装置的组成部件,能够对驱动装置进行编号。
2. 能够按 HXD_{3C} 型电力机车驱动装置日常检查作业要求和标准对驱动装置进行检查。
3. 培养良好的职业习惯和团队协作精神。
4. 树立职业意识,培养安全意识、责任意识。

任务信息

一、驱动装置的作用

驱动装置的作用是通过大、小齿轮的啮合,把牵引电机的转速降低、增加转矩,传递给轮对,使机车产生牵引力或制动力,驱动列车运行或减速。

二、驱动装置的组成

HXD_{3C} 型电力机车的驱动装置主要由牵引电机、齿轮传动装置和抱轴箱等组成,如图 3-30 和图 3-31 所示,图 3-31 中无牵引电机。

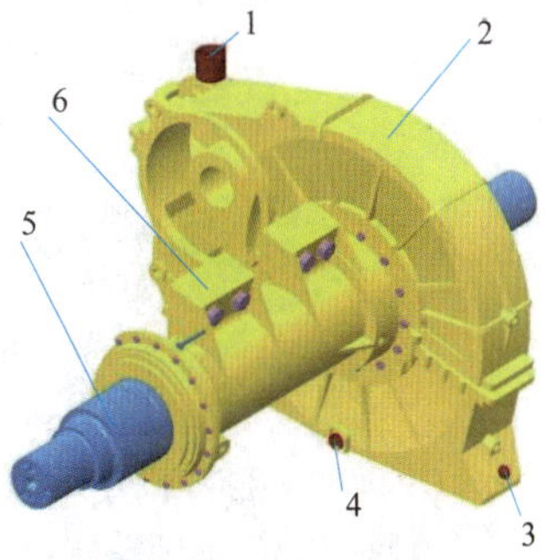

图 3-30　驱动装置
1—通气器;2—齿轮箱;3—注油堵;4—放油堵;5—车轴;6—抱轴箱

齿轮传动装置包括齿轮箱体、小齿轮(主动齿轮)和大齿轮(从动齿轮)等,传动方式为单侧斜齿轮传动,传动比为 4.81(101/21)。小齿轮(主动齿轮)与牵引电机的电机轴采用锥度配合结构。从动齿轮(大齿轮)采用整体式结构,内孔与车轴也采用锥度配合。主、从齿轮都采用注油压装工艺装配到车轴上。牵引电机转矩通过主、从动齿轮啮合,驱动车轮旋转。主、从动齿轮由齿轮箱罩住并密封,润滑方式为油浴式润滑。

齿轮箱体采用上、下箱体水平分箱结构,用销定位和螺栓连接。结合面采用厌氧密封胶保证密封性,齿轮箱体顶部有通气器,用于平衡箱体内、外气压,帮助散热,防止齿轮箱内外压差过大导致润滑油泄漏。为便于齿轮箱检查,在靠近车轮侧设有观察孔。齿轮箱采用非接触的迷宫密封结构,保证齿轮箱和车轴间密封的同时,也保证齿轮润滑油不会进入抱轴箱。齿轮箱通过三个螺栓连接到牵引电机壳体上。

抱轴箱是驱动装置的一个关键结构部件，由两组圆锥滚子轴承、迷宫盖、滚动抱轴箱体等组成。抱轴箱采用封闭式结构，两端设有滚动抱轴承座，通过对称布置的一对圆锥滚子轴承，将齿轮箱和牵引电机的一端悬挂在车轴轴身上，构成牵引电机的轴悬式悬挂(滚动抱轴式半悬挂)。

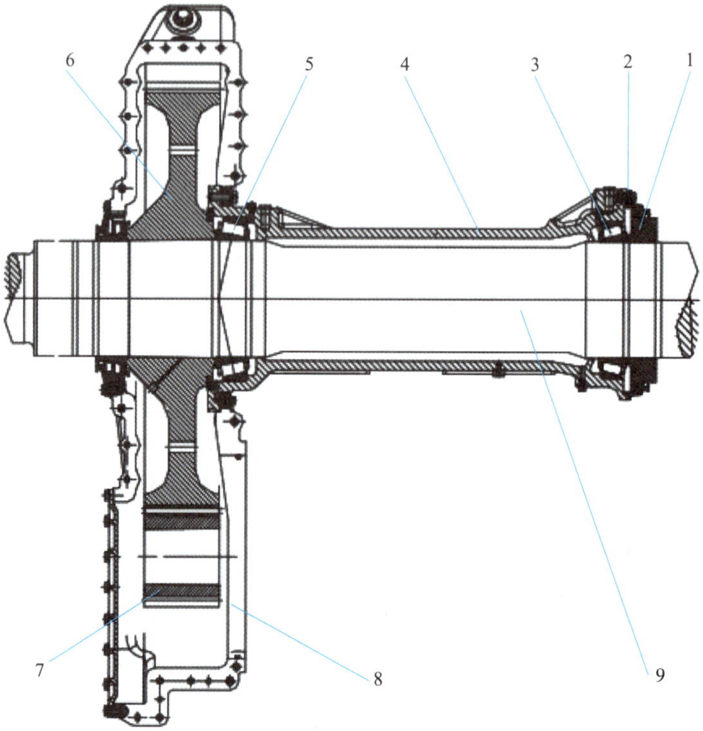

图 3-31　驱动装置装配结构图

1—迷宫环；2—迷宫盖；3—圆锥滚子轴承；4—抱轴箱体；5—圆锥滚子轴承；6—大齿轮；7—小齿轮；8—齿轮箱体；9—车轴

思考：牵引电机如何驱动车轮旋转的？

三、驱动装置日常检查内容

HXD3C 型电力机车驱动装置日常检查内容如下。

1. 目视检查齿轮箱安装状态及外观

(1)齿轮箱安装螺栓连接紧固，无缺失。

(2)齿轮箱体无裂纹、变形及缺损。

(3)齿轮箱不许漏油，注油、放油的油堵处无泄漏。

(4)通气器安装牢固，无漏油。

2. 目视检查抱轴箱安装状态及外观

抱轴箱安装螺栓连接紧固，防缓线清晰无错位。

四、驱动装置日常检查作业指导书

HXD3C 型电力机车驱动装置日常检查作业指导书

序号	检查项目	检查方法	图示说明	检查内容及标准
1	齿轮箱	目视	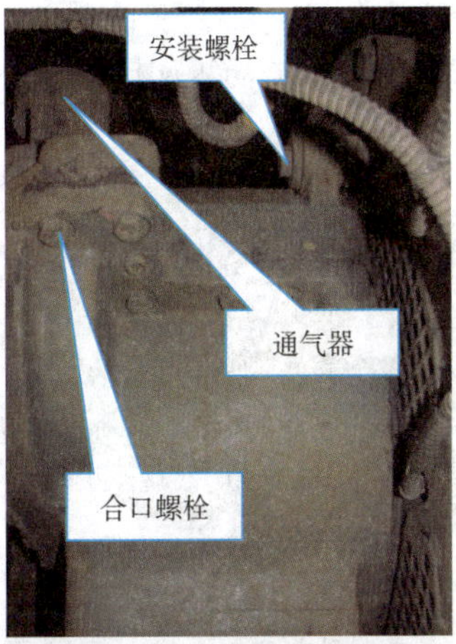 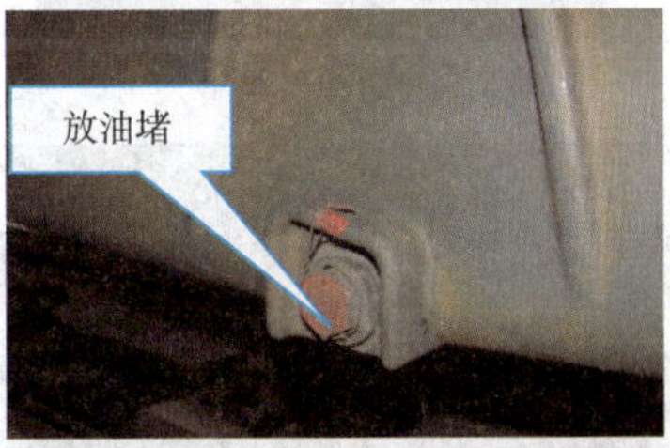 	齿轮箱安装螺栓紧固，无缺失，箱体无裂纹、漏油；注油堵、放油堵紧固，无漏油，放油堵防缓齐全；通气器安装牢固、无漏油
2	抱轴箱	目视	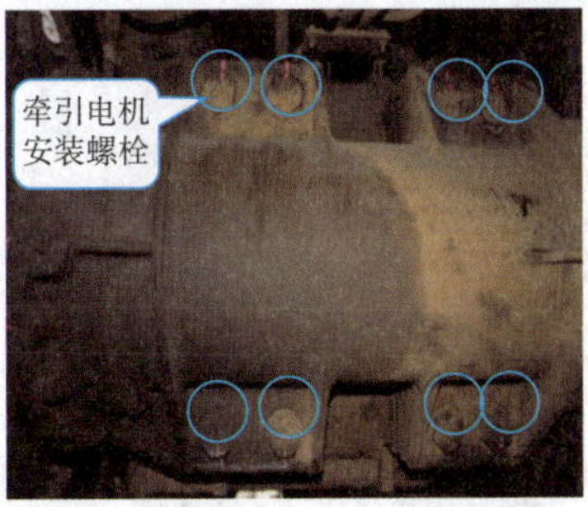	各安装螺栓连接紧固，抱轴承油脂无泄漏

知识引导

驱动装置日常检查知识学习引导

日期		班级	
姓名		学号	

(1)看题图 3-10，观察 HXD_{3C} 型电力机车每个转向架有几个驱动装置，并在题图 3-10 中标出。

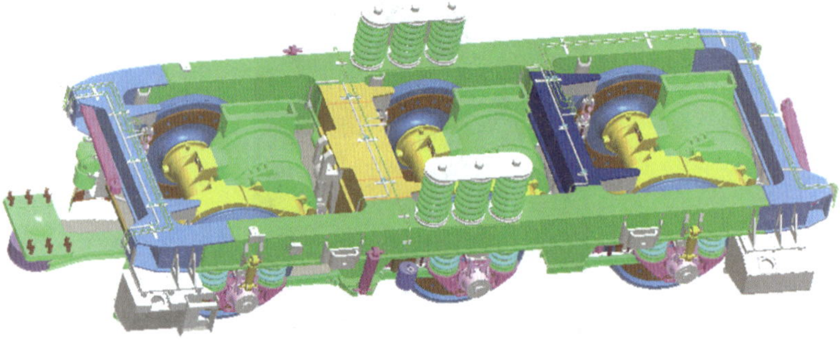

题图 3-10

(2)看题图 3-11 观察驱动装置由哪几部分组成？在题图 3-11 中标注出驱动装置的各部分名称。

题图 3-11

1—____________；2—____________；
3—____________；4—____________

(3)通气器的作用是什么？

(4)驱动装置日常检查主要内容是什么？

任务实施

一、安全防护准备

防护工具	检查内容
安全帽	有□,无□
手套	有□,无□
渡板检查	已检查,完好□

二、工具准备

工具明细表			
序号	名称	数量	是否完好
1	手电筒		
2	棉丝		
3	检查锤/小撬棍		

三、小组分工

序号	成员姓名	职责
1		检查
2		记录
3		班组长:安全监督,录像

四、检查记录单

驱动装置日常检查记录单

<table>
<tr><td colspan="2">班级：</td><td>姓名：</td><td>学号：</td><td>同组人：</td></tr>
<tr><td colspan="2">机车号</td><td colspan="3"></td></tr>
<tr><td colspan="2">检查对象</td><td colspan="3"></td></tr>
<tr><td>检查对象/编号</td><td>检查内容/检查方法</td><td>检查内容</td><td colspan="2">状态记录</td></tr>
<tr><td rowspan="4">驱动装置/
(　　)</td><td rowspan="3">齿轮箱/
(　　)</td><td>安装螺栓紧固，无缺失，齿轮箱体无裂纹、变形及缺损</td><td colspan="2">□ 状态良好
□ 螺栓松动，防缓线错位
□ 齿轮箱有裂纹</td></tr>
<tr><td>注油堵、放油堵无泄漏</td><td colspan="2">□ 状态良好
□ 注油堵有漏油
□ 放油堵有漏油</td></tr>
<tr><td>通气器安装牢固，无漏油</td><td colspan="2">□ 状态良好
□ 通气器有漏油</td></tr>
<tr><td>抱轴箱/
(　　)</td><td>抱轴箱安装螺栓紧固，防缓线清晰无错位</td><td colspan="2">□ 状态良好
□ 安装螺栓松动</td></tr>
<tr><td colspan="5">故障记录：</td></tr>
<tr><td colspan="4">检查时间：　年　月　日　时　分</td><td>检查人签字：</td></tr>
<tr><td colspan="3">记录人签字：</td><td colspan="2">班组长签字：</td></tr>
<tr><td>填表要求</td><td colspan="4">(1)检查对象编号按老师分配的具体任务编号填写，不能照抄照搬。
(2)检查内容的检查方法在对应(　　)中注明目视或手检。
(3)状态纪录按检查实际情况，在□内打“√”。
(4)故障记录栏填写发现的问题，填写规范、问题描述清晰，字迹书写清晰。
(5)签字项需填写全名，不得代签、涂改。</td></tr>
</table>

五、监督与考核

驱动装置日常检查监督考核表

班级：		姓名：	学号：	同组人：
记录人：				
序号	安全监督内容	记录	分值	得分
1	劳动保护及安全文明	□ 执行安全操作规程，佩戴安全帽、手套 □ 爱护设备及工具 □ 着装整洁；保持工作环境清洁	共 15 分 每缺少一项安全防护扣 5 分	
2	操作前将所需工具准备齐全	□ 工具齐全 □ 缺少工具(　　　) □ 错选工具	共 10 分 每少一件工具扣 3 分 规格选错每件扣 3 分	
3	能按照检查标准要求规范进行检查	□ 能根据编号准确找到驱动装置在转向架布置位置 □ 按检查标准和要求对齿轮箱安装螺栓进行检查 □ 按检查标准和要求对齿轮箱注油堵和放油堵进行检查 □ 按检查标准和要求对齿轮箱通气器进行检查 □ 按检查标准和要求对抱轴箱安装螺栓进行检查	共 25 分 每完成一项得 5 分 检查位置不正确、检查不标准不得分	
总　计				

任务评价

驱动装置日常检查评价表

班级：	姓名：	学号：	同组人：
评价项目	评价内容	得分	评价主体
理论知识准备	(1)能正确说出 HXD_{3C} 型电力机车驱动装置各组成部件名称(10 分)		□ 师评 □ 自评 □ 互评
	(2)能描述驱动装置的作用(10 分)		
实操检查过程	(1)检查表填写完整、清晰、工整(5 分)		□ 师评 □ 自评 □ 互评
	(2)检查过程有序(5 分)		
	(3)能够安全规范进行检查(50 分)		
课堂表现	(1)知识引导部分填写完整(10 分)		□ 师评 □ 自评 □ 互评
	(2)小组贡献度(10 分)		
总　分			

巩固练习

一、填空题

1. 驱动装置的作用是通过__________的啮合，把牵引电机的转速________、增加________，传递给________，使机车产生________或制动力，驱动列车运行或减速。

2. 齿轮传动装置包括齿轮箱体、__________（主动齿轮）和________（从动齿轮）等。

二、选择题

1. HXD3C 型电力机车传动方式为（　　）传动。

A. 双侧斜齿轮　　B. 单侧斜齿轮　　C. 单侧直齿轮

2. HXD3C 型电力机车传动比为（　　）。

A. 4.71　　B. 4.81　　C. 4.91

3. HXD3C 型电力机车传动齿轮润滑方式是（　　）润滑。

A. 飞溅式　　B. 油浴式　　C. 压力油

三、判断题

1. 齿轮箱安装要求螺栓紧固，无缺失。（　　）

2. HXD3C 型电力机车传动方式为单侧直齿传动。（　　）

3. 齿轮箱体无裂纹、变形及缺损。（　　）

4. 齿轮箱不许漏油，补油、放油的油堵处无泄漏。（　　）

5. 抱轴箱安装螺栓紧固，防缓线清晰无错位。（　　）

四、简答题

1. 简述驱动装置的作用。

2. 简述 HXD3C 型电力机车驱动装置的组成。

3. 总结 HXD3C 型电力机车驱动装置日常检查要点。

任务七　牵引电机悬挂装置日常检查

任务描述

机车运行中,牵引电机在机车上的安装悬挂方式对减轻簧下重量,提高机车运行速度和运行品质起着十分重要的作用。按照 HXD_{3C} 型电力机车日常检查作业要求,要进行 HXD_{3C} 型电力机车日常检查,本任务日常检查的对象是机车牵引电机悬挂装置。

任务目标

1. 能够分析电机悬挂装置的作用,认识电机悬挂装置的组成,能够对电机悬挂装置进行编号。

2. 能够按 HXD_{3C} 型电力机车牵引电机悬挂装置日常检查作业要求和标准对电机悬挂装置进行检查。

3. 培养良好的职业习惯和团队协作精神。

4. 树立职业意识,培养安全意识、责任意识。

任务信息

牵引电机作为机车转向架上的重要设备,其输出的功率和转矩通过传动装置传到机车轮对上,实现对机车的牵引或制动。牵引电机在机车上的安装方式称为牵引电机悬挂。

一、牵引电机悬挂装置的作用

牵引电机悬挂装置用于吊挂牵引电机,吊杆一方面承受牵引电机的静载荷,另一方面承受牵引电机工作时产生的反力,同时在牵引电机工作过程中,它可以随构架垂向和横向自由摆动,并且橡胶关节可以衰减牵引电机传给构架的振动,还可以减少动作用力对牵引电机和线路的破坏作用。

二、牵引电机悬挂装置的组成

根据机车构造速度的不同需要,牵引电机的悬挂方式可以分为轴悬式、架悬式和体悬式,轴悬式又称抱轴式半悬挂。架悬式和体悬式又称为全悬挂。

> **思考:**查阅资料了解什么是架悬式?什么是体悬式?牵引电机不同的悬挂方式各有什么优缺点?

HXD_{3C} 型电力机车牵引电机悬挂方式采用滚动抱轴式半悬挂,牵引电机一端通过滚动抱轴轴承装配支承在车轴上,如图 3-32(a)所示,另一端通过一根两端带有橡胶关节的吊杆弹性悬挂在构架的横梁或后端梁上,如图 3-32(b)所示。

牵引电机悬挂装置由牵引电机、吊杆装配和连接螺栓等组成,如图 3-33 所示。其中,吊杆装配如图 3-34 所示,吊杆两端都带有橡胶关节。

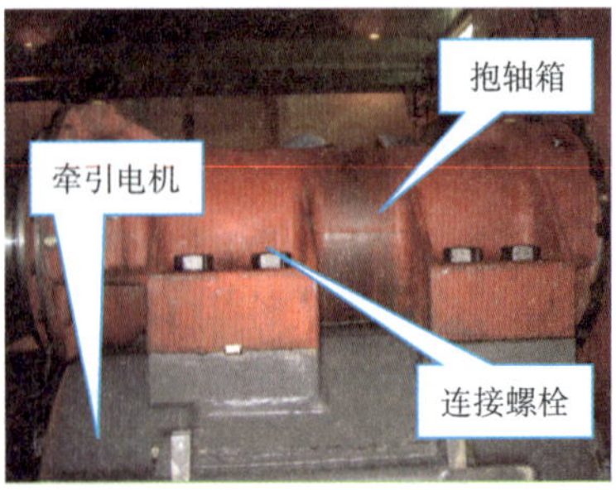

（a）抱轴端

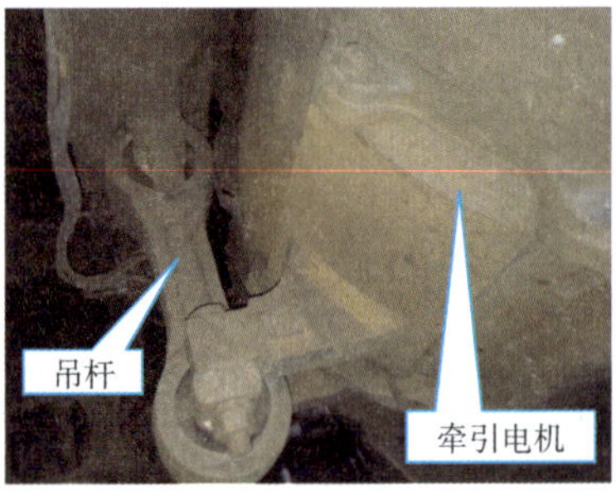

（b）悬挂端

图 3-32　牵引电机悬挂

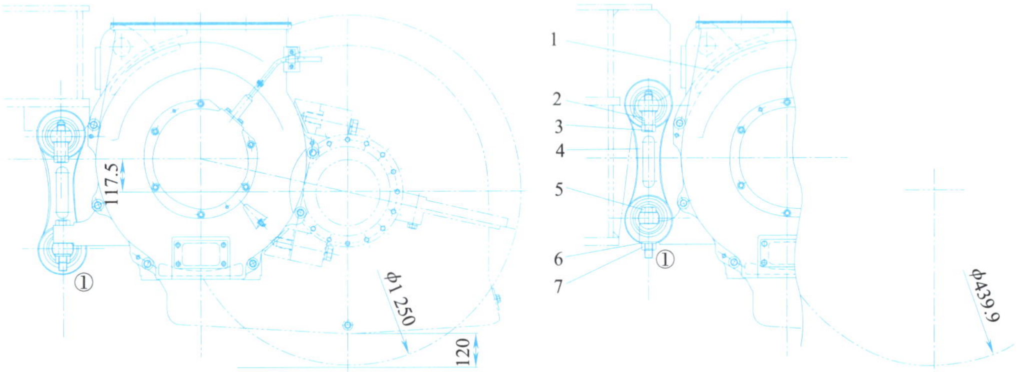

第2、3、4、5轴电机悬挂　　第1、6轴电机悬挂

图 3-33　牵引电机悬挂装置(单位:mm)

1—牵引电机;2—螺栓套管;3—螺栓;4—吊杆装配;5—螺栓;6—垫圈;7—螺母

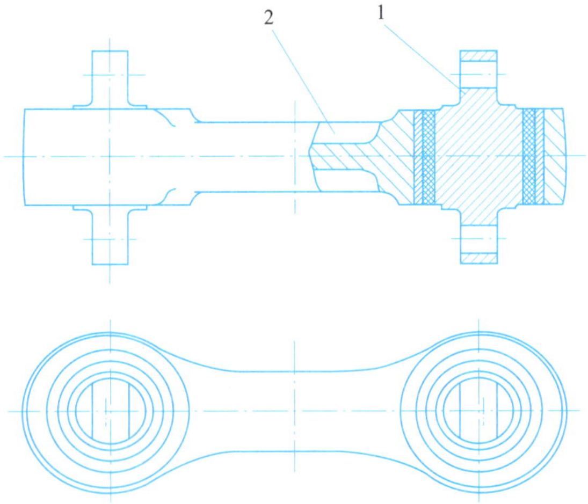

图 3-34　吊杆装配

1—橡胶关节;2—吊杆体

三、牵引电机悬挂装置日常检查主要内容

HXD3C 型电力机车牵引电机悬挂装置日常检查内容如下。

(1)检查安装螺栓紧固无松动、丢失,防缓线无错位。
(2)检查电机吊杆,目视检查要求无裂纹。
(3)橡胶关节无变形、裂纹等现象。

四、牵引电机悬挂装置日常检查作业指导书

HXD3C型电力机车牵引电机悬挂装置日常检查任务指导书

序号	检查项目	检查方法	图示说明	作业内容及标准
1	电机吊杆	目视	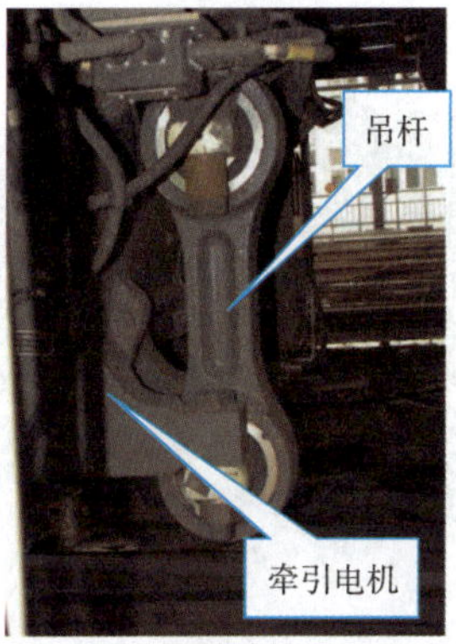	电机吊杆要求无裂纹
2	安装螺栓	目视	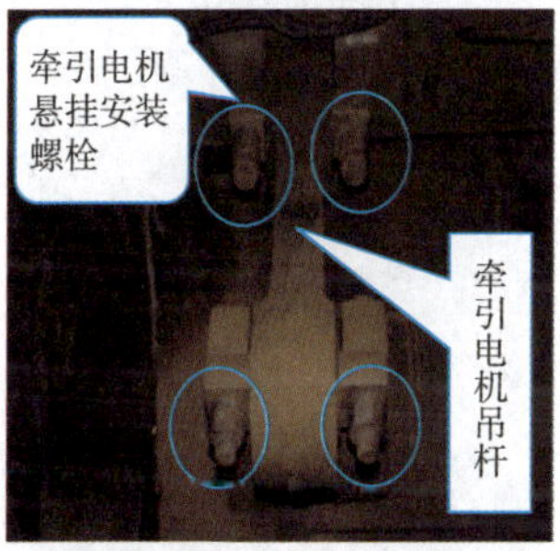 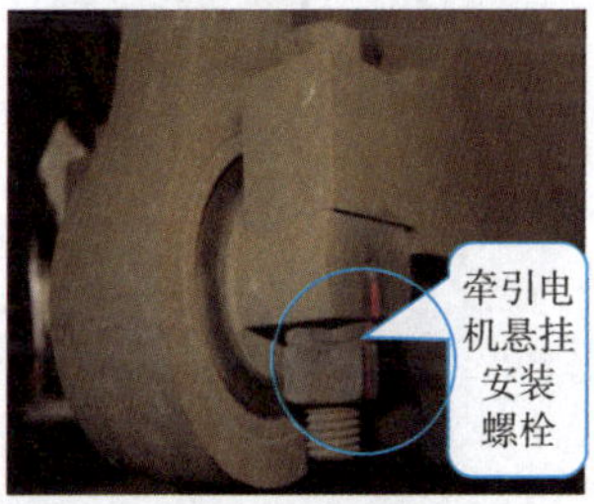	安装螺栓紧固无松动、丢失,防缓线无错位
3	橡胶关节	目视	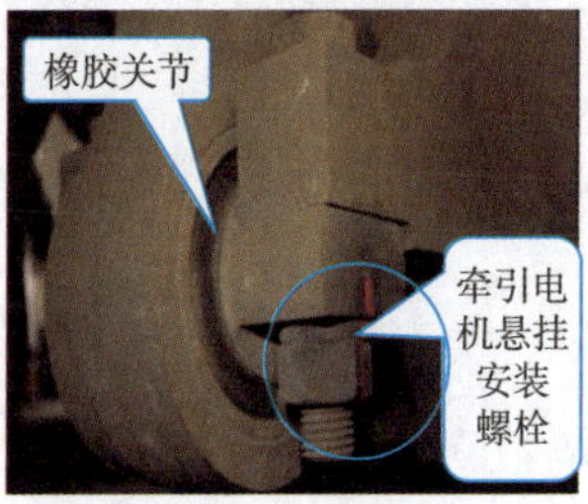	橡胶关节无变形、裂纹

知识引导

牵引电机悬挂装置日常检查知识学习引导

日期		班级	
姓名		学号	

(1)看题图 3-12 观察 HXD_{3C} 型电力机车电机悬挂方式,在图中标出抱轴端和悬挂端。前面学习过簧上重量和簧下重量的概念,分析牵引电机哪部分是簧上重量,哪部分重量是簧下重量。

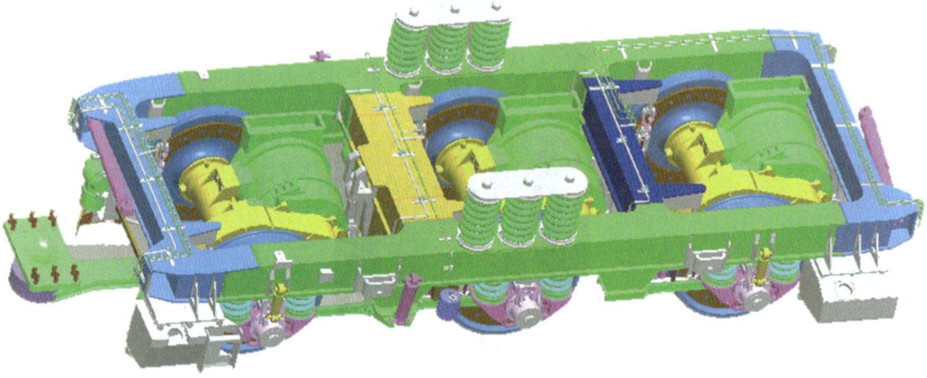

题图 3-12

(2)电机吊杆中弹性橡胶关节的作用是什么?

(3)牵引电机悬挂日常检查主要内容是什么?

任务实施

一、安全防护准备

防护工具	检查内容
安全帽	有□,无□
手套	有□,无□
渡板检查	已检查,完好□

二、工具准备

工具明细表			
序号	名称	数量	是否完好
1	手电筒		
2	棉丝		
3	检查锤/小撬棍		

三、小组分工

序号	成员姓名	职责
1		检查
2		记录
3		班组长:安全监督,录像

四、检查记录单

牵引电机悬挂装置日常检查记录单

<table>
<tr><td>班级：</td><td colspan="2">姓名：</td><td>学号：</td><td>同组人：</td></tr>
<tr><td colspan="2">机车号</td><td colspan="3"></td></tr>
<tr><td colspan="2">检查对象</td><td colspan="3"></td></tr>
<tr><td>检查对象/
编号</td><td>检查内容/
检查方法</td><td>检查内容</td><td colspan="2">状态记录</td></tr>
<tr><td rowspan="3">牵引电机
悬挂/
(　　　)</td><td>电机吊杆/
(　　　)</td><td>电机吊杆无裂纹</td><td colspan="2">☐ 状态良好
☐ 吊杆有裂纹</td></tr>
<tr><td>安装螺栓/
(　　　)</td><td>安装螺栓紧固,防缓线清晰无错位</td><td colspan="2">☐ 状态良好
☐ 安装螺栓有松动</td></tr>
<tr><td>橡胶关节/
(　　　)</td><td>橡胶关节无变形、裂纹</td><td colspan="2">☐ 状态良好
☐ 橡胶关节裂纹、变形</td></tr>
<tr><td colspan="5">故障记录：</td></tr>
<tr><td colspan="3">检查时间：　年　月　日　时　分</td><td colspan="2">检查人签字：</td></tr>
<tr><td colspan="2">记录人签字：</td><td colspan="3">班组长签字：</td></tr>
<tr><td>填表要求</td><td colspan="4">(1)检查对象编号按老师分配的具体任务编号填写,不能照抄照搬。
(2)检查内容的检查方法在对应(　　)中注明目视或手检。
(3)状态纪录按检查实际情况,在□内打“√”。
(4)故障记录栏填写发现的问题,填写规范、问题描述清晰,字迹书写清晰。
(5)签字项需填写全名,不得代签、涂改。</td></tr>
</table>

五、监督与考核

牵引电机悬挂装置日常检查监督考核表

班级：	姓名：	学号：	同组人：	
记录人：				
序号	安全监督内容	记录	分值	得分
1	劳动保护及安全文明	□ 执行安全操作规程，佩戴安全帽、手套 □ 爱护设备及工具 □ 着装整洁；保持工作环境清洁	共 15 分 每缺少一项安全防护扣 5 分	
2	操作前将所需工具准备齐全	□ 工具齐全 □ 缺少工具(　　) □ 错选工具	共 10 分 每少一件工具扣 3 分 规格选错每件扣 3 分	
3	能按照检查标准要求规范进行检查	□ 能根据编号准确找到电机悬挂装置在转向架的布置位置 □ 按检查标准和要求对电机吊杆进行检查 □ 按检查标准和要求对安装螺栓进行检查 □ 按检查标准和要求对橡胶关节进行检查	共 20 分 每完成一项得 5 分 检查位置不正确、检查不标准不得分	
总　计				

任务评价

牵引电机悬挂装置日常检查评价表

班级：	姓名：	学号：	同组人：
评价项目	评价内容	得分	评价主体
理论知识准备	(1)能区分不同电机悬挂方式，正确说出 HXD3C 型电力机车的电机悬挂装置各组成部件名称(15 分)		□ 师评 □ 自评 □ 互评
	(2)能描述电机悬挂装置的作用(10 分)		
实操检查过程	(1)检查表填写完整、清晰、工整(5 分)		□ 师评 □ 自评 □ 互评
	(2)检查过程有序(5 分)		
	(3)能够安全规范进行检查(45 分)		□ 师评 □ 自评 □ 互评
课堂表现	(1)知识引导部分填写完整(10 分)		□ 师评 □ 自评 □ 互评
	(2)小组贡献度(10 分)		
总　分			

巩固练习

一、填空题

1. HXD3C 型电力机车牵引电机悬挂方式采用 ________ 半悬挂，牵引电机一端通过 ________ 装配支承在车轴上，另一端通过一根两端带有橡胶关节的吊杆弹性悬挂在构架的 ________ 或 ________ 上。

2. 牵引电机悬挂装置由 ________、________ 和连接螺栓等组成。

二、选择题

1. HXD3C 型电力机车牵引电机悬挂方式为（　　）。

A. 体悬式全悬挂　　B. 架悬式全悬挂　　C. 滚动抱轴式半悬挂

2. 牵引电机一端支承在车轴上，另一端通过（　　）悬挂在构架的横梁或后端梁上。

A. 滚动抱轴承　　B. 滑动抱轴承　　C. 吊杆

三、判断题

1. 检查电机吊杆，目视检查要求无裂纹，油漆检查无脱落。（　　）

2. HXD3C 型电力机车牵引电机悬挂方式为滚动抱轴式全悬挂。（　　）

3. 牵引电机悬挂装置中的橡胶关节可以衰减牵引电机传给构架的振动，还可以减少动作用力对牵引电机和线路的破坏作用。（　　）

四、简答题

1. 简述牵引电机悬挂装置的作用。

2. 简述 HXD3C 型电力机车牵引电机悬挂装置的组成。

3. 简述 HXD3C 型电力机车牵引电机悬挂装置的日常检查要点。

任务八　牵引装置日常检查

任务描述

机车车轮产生的牵引力和制动力通过专门的装置传递到车体上，这个专门装置就是牵引装置。按照 HXD3C 型电力机车日常检查作业要求，要进行 HXD3C 型电力机车日常检查，本任务日常检查的对象是牵引装置。

任务目标

1. 能够分析牵引装置的作用，认识牵引装置的组成，能够对牵引装置进行编号。
2. 能够按 HXD3C 型电力机车牵引装置日常检查作业要求和标准对牵引装置进行检查。
3. 培养良好的职业习惯和团队协作精神。
4. 树立职业意识，培养安全意识、责任意识。

任务信息

一、牵引装置的作用

牵引装置是连接车体和转向架的重要组成部分，用来传递机车的牵引力和制动力，且能适应车体与转向架之间的各种相对运动。

二、牵引装置的组成

HXD3C 型电力机车牵引装置在转向架上的布置位置如图 3-35 所示。其结构形式是推挽式中央平拉杆，主要部件包括牵引拉杆体、牵引销装配、托板、橡胶关节、安全索座、钢丝绳等，外形结构如图 3-36 所示。

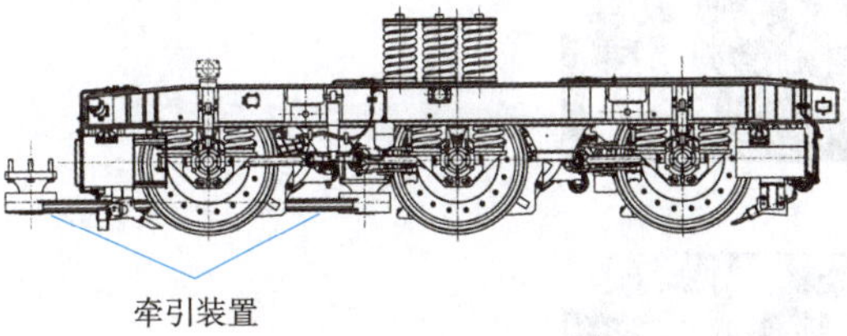

图 3-35　牵引装置布置图

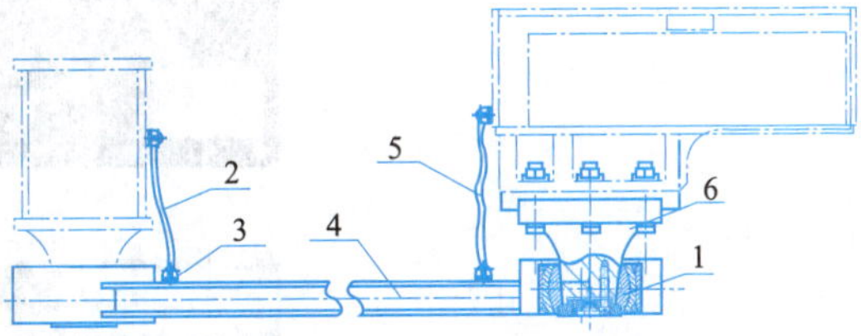

图 3-36　牵引装置外形结构

1—橡胶关节；2，5—钢丝绳；3—安全索座；4—牵引拉杆体；6—牵引销装配

思考：牵引装置是如何实现转向架相对于车体自由偏转的？

三、牵引装置日常检查内容

HXD$_{3C}$型电力机车牵引装置日常检查内容如下。

(1)牵引杆外观检查,不允许有变形、裂纹。

(2)橡胶关节检查,橡胶关节无老化、裂损和挤出。

(3)牵引销装配检查,托板螺栓无松动,防缓线无错位,防缓钢丝无破损、断裂。

(4)钢丝绳检查,钢丝绳无断股、折损,并呈自由状态。

四、牵引装置日常检查作业指导书

HXD$_{3C}$型电力机车牵引装置日常检查作业指导书

序号	检查项目	检查方法	图示说明	作业内容及标准
1	牵引拉杆	目视	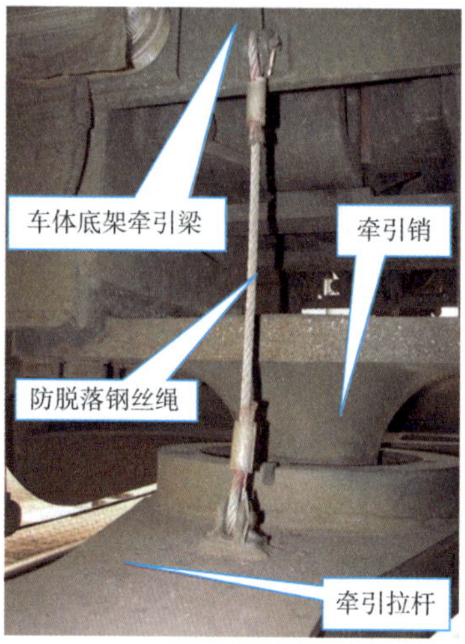	牵引拉杆无变形、裂纹。安装螺栓紧固,防缓线清晰无错位
2	牵引销装配	目视		牵引销、托板等状态良好,各紧固螺栓无松动,防缓钢丝无破损、断裂
3	橡胶关节	目视	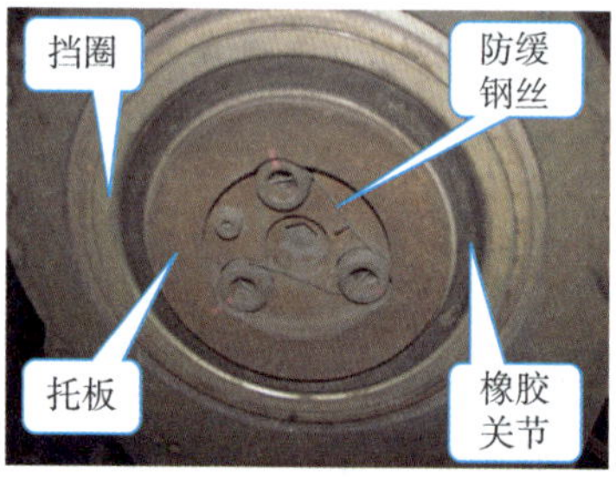	橡胶关节无老化、裂损和挤出
4	防脱落钢丝绳	目视	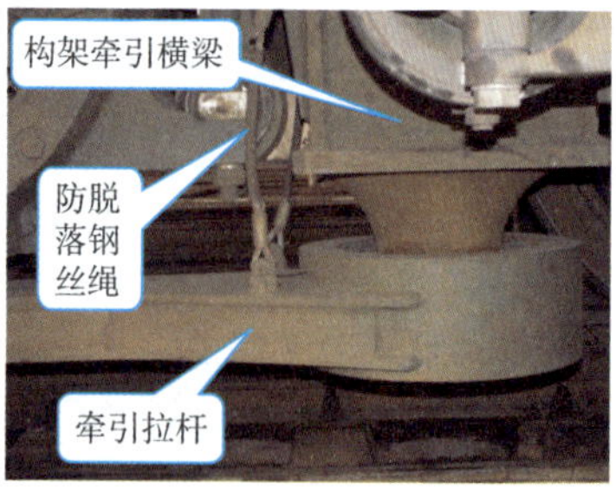	钢丝绳无断股、折损,并呈自由状态

知识引导

牵引装置日常检查知识学习引导

日期		班级	
姓名		学号	

(1)看题图 3-13 观察 HXD_{3C} 电力机车转向架,在图中标出牵引装置。

题图　3-13

(2)牵引装置的作用是什么?

(3)橡胶关节的作用是什么?

(4)牵引装置日常检查主要检查哪几方面?

任务实施

一、安全防护准备

防护工具	检查内容
安全帽	有□,无□
手套	有□,无□
渡板检查	已检查,完好□

二、工具准备

工具明细表			
序号	名称	数量	是否完好
1	手电筒		
2	棉丝		
3	检查锤/小撬棍		

三、小组分工

序号	成员姓名	职责
1		检查
2		记录
3		班组长:安全监督,录像

四、检查记录单

牵引装置日常检查记录单

<table>
<tr><td colspan="2">班级：</td><td>姓名：</td><td>学号：</td><td>同组人：</td></tr>
<tr><td colspan="2">机车号</td><td colspan="3"></td></tr>
<tr><td colspan="2">检查对象</td><td colspan="3"></td></tr>
<tr><td>检查对象/编号</td><td>检查内容/检查方法</td><td>检查内容</td><td colspan="2">状态记录</td></tr>
<tr><td rowspan="4">牵引装置/
(　　)</td><td>牵引拉杆/
(　　)</td><td>牵引拉杆无变形、裂纹。安装螺栓紧固，防缓线清晰无错位</td><td colspan="2">□ 状态良好
□ 牵引拉杆有裂纹
□ 安装螺栓松动</td></tr>
<tr><td>牵引销装配/
(　　)</td><td>各紧固螺栓无松动。牵引销、托板等状态良好，防缓钢丝无破损、断裂。</td><td colspan="2">□ 状态良好
□ 安装螺栓有松动
□ 防缓钢丝破损</td></tr>
<tr><td>橡胶关节/
(　　)</td><td>橡胶关节无变形、裂纹</td><td colspan="2">□ 状态良好
□ 橡胶关节裂纹、变形</td></tr>
<tr><td>防脱落钢丝绳/
(　　)</td><td>钢丝绳无断股、折损，并呈自由状态</td><td colspan="2">□ 状态良好
□ 钢丝绳有断股</td></tr>
<tr><td colspan="5">故障记录：</td></tr>
<tr><td colspan="4">检查时间：　年　月　日　时　分</td><td>检查人签字：</td></tr>
<tr><td colspan="3">记录人签字：</td><td colspan="2">班组长签字：</td></tr>
<tr><td>填表要求</td><td colspan="4">(1)检查对象编号按老师分配的具体任务编号填写，不能照抄照搬。
(2)检查内容的检查方法在对应(　　)中注明目视或手检。
(3)状态纪录按检查实际情况，在□内打“√”。
(4)故障记录栏填写发现的问题，填写规范、问题描述清晰，字迹书写清晰。
(5)签字项需填写全名，不得代签、涂改。</td></tr>
</table>

五、监督与考核

牵引装置日常检查监督考核表

记录人：				
序号	安全监督内容	记录	分值	得分
1	劳动保护及安全文明	□ 执行安全操作规程，佩戴安全帽、手套 □ 爱护设备及工具 □ 着装整洁；保持工作环境清洁	共 15 分 每缺少一道安全防护扣 5 分	
2	操作前将所需工具准备齐全	□ 工具齐全 □ 缺少工具(　　) □ 错选工具	共 10 分 每少一件工具扣 3 分 规格选错每件扣 3 分	
3	能按照检查标准要求规范进行检查	□ 能根据编号准确找到牵引装置在转向架的布置位置 □ 按检查标准和要求对牵引拉杆进行检查 □ 按检查标准和要求对牵引销装配进行检查 □ 按检查标准和要求对橡胶关节进行检查 □ 按检查标准和要求对防脱落钢丝绳进行检查	共 25 分 每完成一项得 5 分 检查位置不正确、检查不标准不得分	
总　计				

任务评价

牵引装置日常检查评价表

班级：	姓名：	学号：	同组人：
评价项目	评价内容	得分	评价主体
理论知识准备	(1)正确说出 HXD$_{3C}$ 型电力机车牵引装置各组成部件名称(15 分)		□ 师评 □ 自评 □ 互评
	(2)能描述牵引悬挂装置的作用(10 分)		
实操检查过程	(1)检查表填写完整、清晰、工整(5 分)		□ 师评 □ 自评 □ 互评
	(2)检查过程有序(5 分)		
	(3)能够安全规范进行检查(50 分)		□ 师评 □ 自评 □ 互评
课堂表现	(1)知识引导部分填写完整(10 分)		□ 师评 □ 自评 □ 互评
	(2)小组贡献度(10 分)		
总　分			

巩固练习

一、填空题

HXD3C 型电力机车牵引装置的结构形式是________________。

二、选择题

牵引装置是连接车体和转向架的重要组成部分，用来传递机车车辆的(　　)。

A. 垂向力和纵向力　　B. 牵引力和制动力　　C. 纵向力和横向力

三、判断题

1. 牵引装置托板螺栓目视检查，需要查看防缓线是否有错位，防缓钢丝是否存在断裂。(　　)

2. 牵引杆外观检查，不允许有变形和裂纹。(　　)

四、简答题

1. 简述牵引装置的作用。

2. 简述 HXD3C 型电力机车牵引装置的组成。

3. 总结 HXD3C 型电力机车牵引装置日常检查要点。

任务九　基础制动装置日常检查

任务描述

基础制动装置的功能是使行驶中的列车降低速度或停车，或使已停驶的列车保持不动，由于基础制动装置的结构和性能直接关系到机车、车辆和司乘人员的安全，因而被认为是保证列车行车安全的重要部件，受到格外的重视。按照 HXD3C 型电力机车日常检查作业要求，要进行 HXD3 型电力机车日常检查，本任务日常检查的对象是基础制动装置。

任务目标

1. 能够分析基础制动装置的作用，认识基础制动装置的组成，能够对基础制动装置进行编号。

2. 明确基础制动方式的分类，能够区分轮盘制动和轴盘制动的不同。

3. 能够按 HXD_{3C} 型电力机车牵引装置日常检查作业要求和标准对牵引装置进行检查。

4. 培养良好的职业习惯和团队协作精神。

5. 树立职业意识，培养安全意识、责任意识。

任务信息

一、基础制动装置的作用

基础制动装置是制动系统的执行部件。它的作用是把制动原力放大若干倍后均匀地传递给闸片（闸瓦），使之压紧制动盘（车轮踏面）产生制动作用，使运行中的机车、车辆减速或停车。

二、基础制动装置的组成

基础制动装置分为闸瓦制动和盘形制动两大类，如图 3-37 和图 3-38 所示，盘形制动又分为轴盘式和轮盘式两种。盘形制动是用制动夹钳使闸片（合成材料制成）压紧制动盘（铸铁圆盘），通过摩擦产生制动力，把列车动能转化成热能逸散到大气中。制动盘安装在车轴上称轴盘式基础制动装置，制动盘安装车轮辐板侧面上称轮盘式基础制动装置。

图 3-37　闸瓦制动

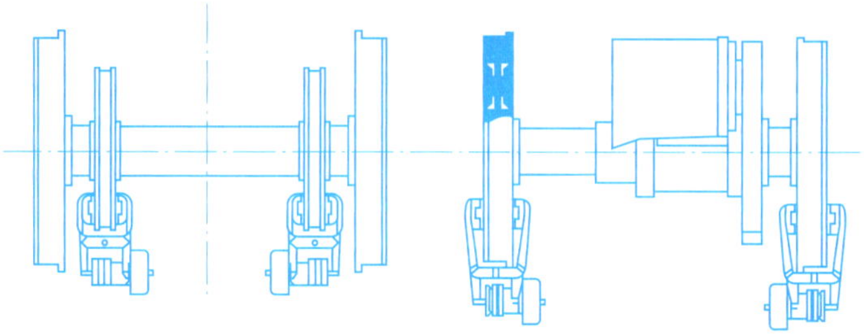

（a）轴盘式　（b）轮盘式

图 3-38　盘形制动

基础制动装置由制动缸、制动传动装置、闸瓦（闸片）装置和闸瓦（闸片）自动间隙调整装置组成。HXD_{3C} 型电力机车基础制动装置采用轮盘式制动。

轮盘式基础制动装置分常用制动单元制动器和带停放功能的单元制动器两种。常用制动单元制动器是一个独立制动单元，由单元制动缸、制动盘、制动夹钳机构、闸片及闸片间隙自动调整器等组成；在此基础上增加弹簧缸，形成了另一种独立制动单元，即带停放功能的单元制动器，如图 3-39 和图 3-40 所示。

制动夹钳机构如图 3-41 所示，整个制动夹钳单元通过夹钳机构上的前后三个吊点安装在转向架上。夹钳机构通过四个螺栓与制动缸连接，夹钳组成相当于一个杠杆，将制动缸的输出力传递到闸片托上。

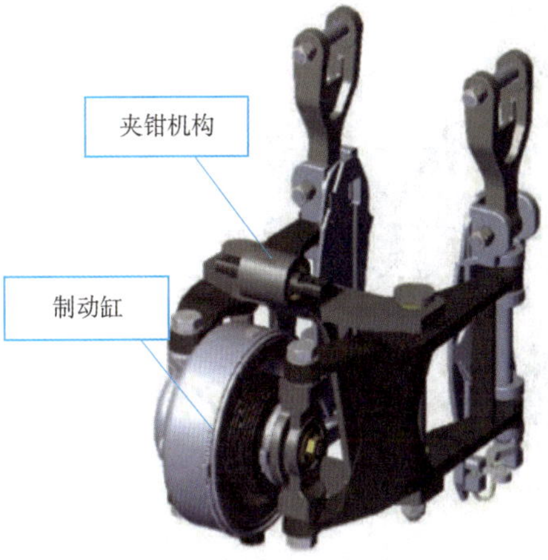

图 3-39　常用制动单元制动器

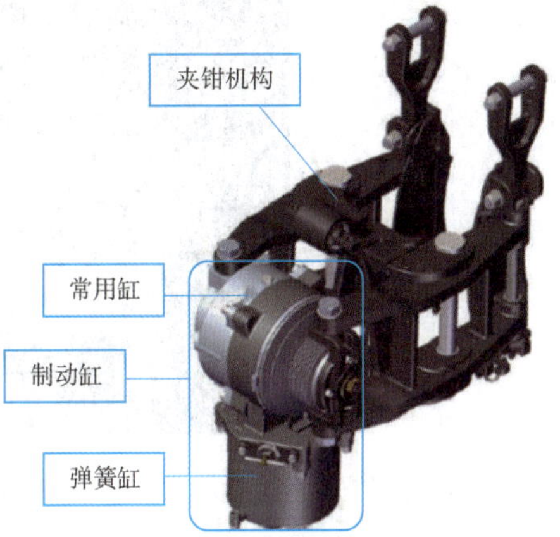

图 3-40　带停放功能的单元制动器

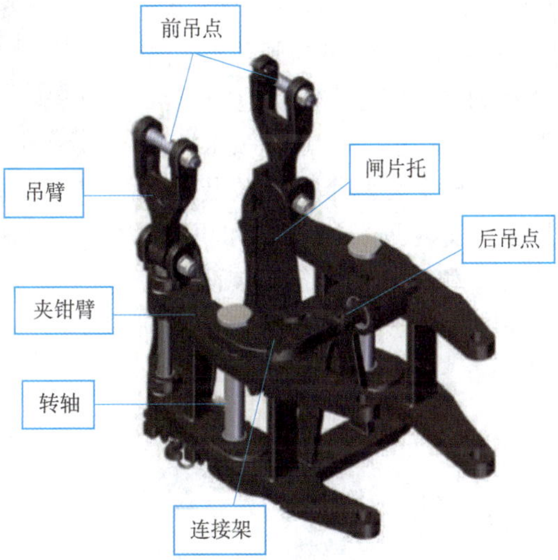

图 3-41　制动夹钳机构

制动施加时，向制动缸充入压缩空气，在压缩空气的作用下制动缸伸长，带动夹钳臂绕转轴转动。转轴通过连接架与转向架相对固定，夹钳臂前端的闸片托则夹紧制动盘产生制动作用。

制动缓解时，排出制动缸内压缩空气，在缓解弹簧的作用下制动缸回缩通过夹钳臂带动闸片托与制动盘分离。制动夹钳单元带有闸片间隙自调整功能，能够保证闸片与制动盘之间始终保持设定的合适间隙。

带停放装置的单元制动器具有停放制动功能，可以通过充风缓解或手动缓解停放制动。弹簧缸是利用释放弹簧储存的弹性力来推动活塞，从而带动夹钳机构动作使闸片贴紧制动盘以达到制动的目的。它用于机车停放，特别是当机车停放在坡道上时，可防止机车溜逸。停放制动的缓解，需要向弹簧缸充气，使活塞压缩弹簧，从而使闸片离开制动盘而缓解。停放制动需手动缓解时，只要拉动手动缓解拉环，并保持 3 s 以上，然后放开手拉缓解环，即可缓解停放制动，如图 3-42 所示。

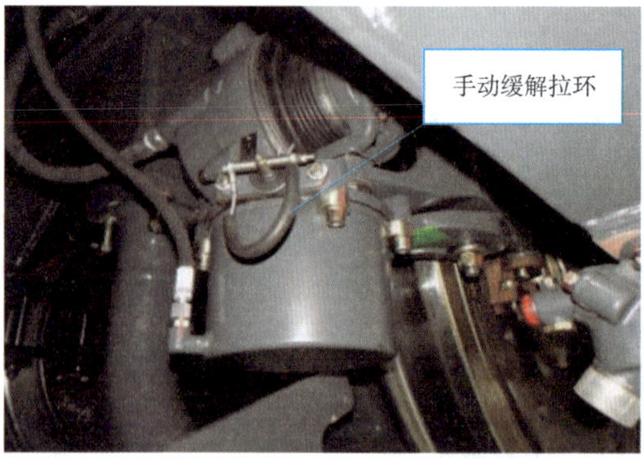

图 3-42　停放制动手动缓解拉环

车轮两侧闸片与制动盘之间的间隙之和符合要求，同一制动盘两侧闸片间隙之和为 2～4 mm。闸片间隙在出厂时已经设定并调整好，可用 2 mm 塞尺和 3 mm 塞尺检测闸片间隙，如图 3-43 所示。正常情况下安装后不需重新设定，单元制动器具有闸片间隙自动调整功能，能根据闸片磨耗量自动补偿间隙以保证闸片和制动盘间隙在正常范围。

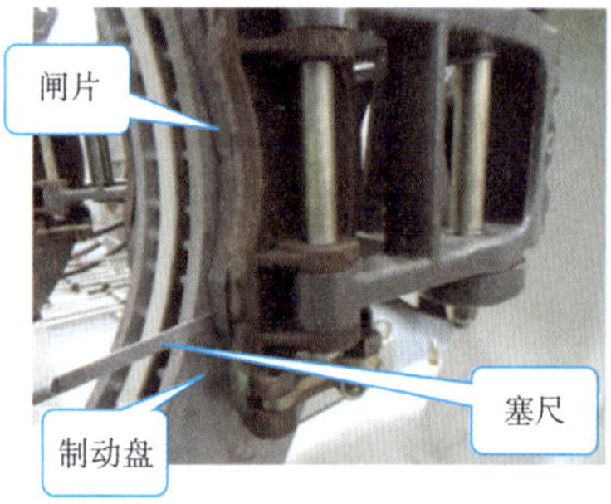

图 3-43　闸瓦间隙测量

在 HXD_{3C} 型电力机车转向架上，每个车轮安装一套独立的单元制动器，其中第 1 轴安装两个带停放装置的单元制动器，第 2、3 轴上分别安装两个常用制动单元制动器，HXD_{3C} 型电力机车第 1 和第 6 轴上各安装两个带停放制动的单元制动器，如图 3-44 所示。停放制动能满足在 30‰坡道停车的要求。

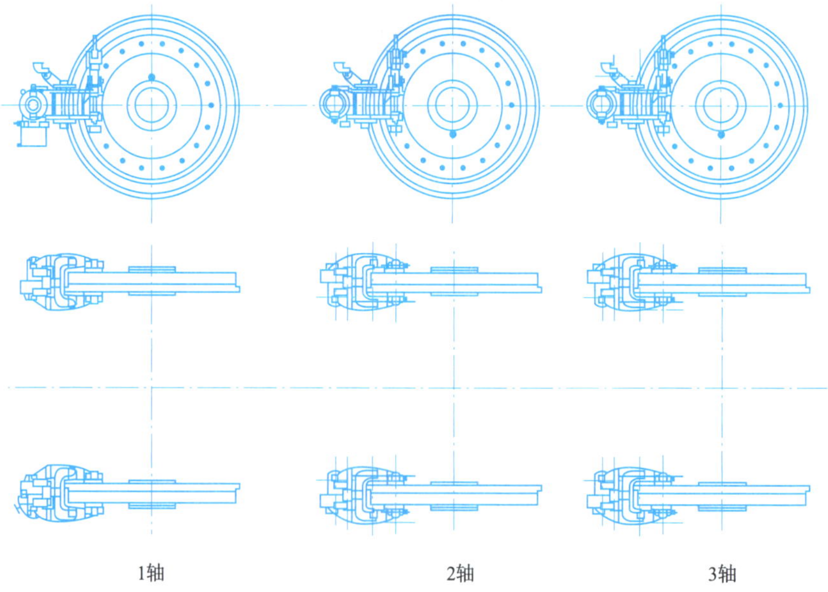

图 3-44　HXD_{3C} 型电力机车转向架上基础制动装置布置简图

三、基础制动装置日常检查内容

HXD3C型电力机车基础制动装置日常检查内容如下。

(1)制动盘检查(注意:检查时严禁敲击制动盘),连接螺栓不得松动;制动盘无偏磨,未磨耗到限(制动盘每侧磨耗超过5 mm必须更换);无贯穿裂纹,热裂纹长度不超过65 mm,摩擦面擦伤深度不超过1 mm。

(2)检查制动缸和制动夹钳,无裂纹、破损,安装螺栓、螺母及衬套等零件无松动、丢失和损坏。

(3)检查闸片,闸片安装牢固,无裂纹、破损,磨耗状态良好,磨耗未到限。

(4)闸瓦间隙,车轮两侧闸片与制动盘的间隙之和在2～4 mm范围内,缓解状态下,闸片对制动盘无压力。

四、基础制动装置日常检查作业指导书

HXD3C型电力机车基础制动装置日常检查作业指导书

序号	检查项目	检查方法	图示说明	检查内容及标准
1	制动盘	目视		安装螺栓无松动,制动盘无偏磨情况,未磨耗到限,无贯穿裂纹
2	制动缸及制动夹钳	目视	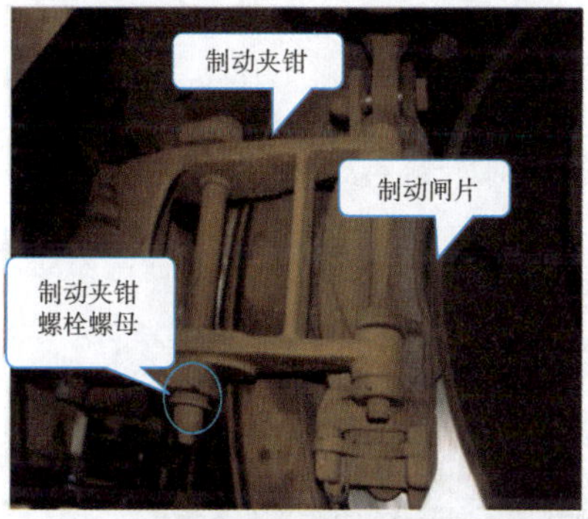	单元制动缸及制动夹钳的螺栓、螺母及衬套等零件不得松动、丢失和损坏
3	闸片	目视	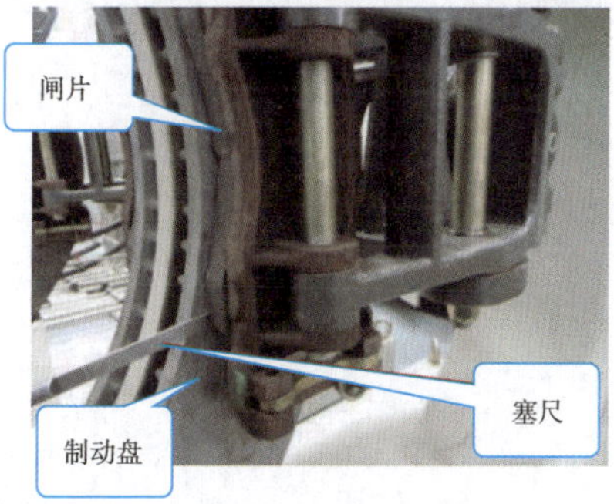	闸片安装牢固,无裂纹、破损,磨耗状态良好,磨耗未到限
4	闸瓦间隙	目视		车轮两侧闸片与制动盘的间隙之和在2～4 mm范围内,缓解状态下,闸瓦对制动盘无压力

知识引导

基础制动装置日常检查知识学习引导

日期		班级	
姓名		学号	

(1)看题图 3-14 观察基础制动装置在 HXD_{3C} 型电力机车转向架上的布置情况,说明哪些带有弹簧停放功能,哪些没有弹簧停放功能。

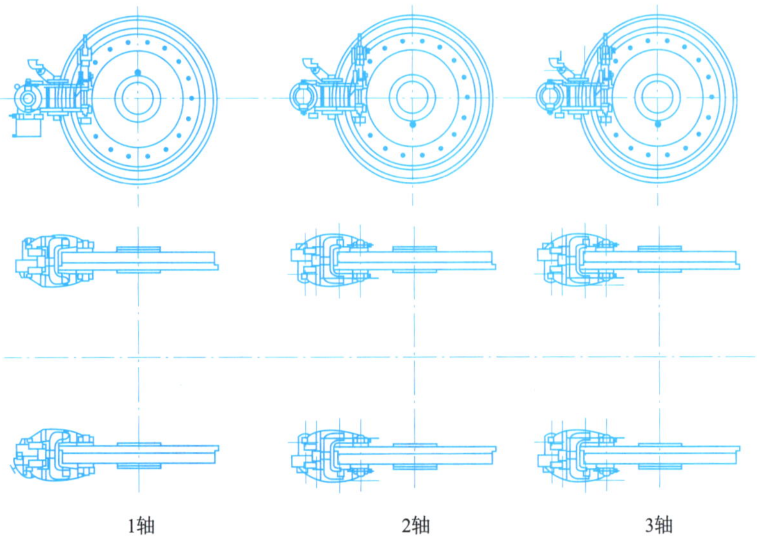

题图 3-14

(2)基础制动装置中的夹钳机构的作用是什么?

(3)基础制动装置为什么要设弹簧停放功能?

(4)制动盘和闸片磨损后,需要人工不断调整闸瓦间隙吗?为什么?

(5)基础制动装置日常检查主要内容是什么?

任务实施

一、安全防护准备

防护工具	检查内容
安全帽	有□,无□
手套	有□,无□
渡板检查	已检查,完好□

二、工具准备

工具明细表			
序号	名称	数量	是否完好
1	手电筒		
2	棉丝		
3	检查锤/小撬棍		

三、小组分工

序号	成员姓名	职责
1		检查
2		记录
3		班组长:安全监督,录像

四、检查记录单

基础制动装置日常检查记录单

<table>
<tr><td colspan="2">班级：</td><td>姓名：</td><td>学号：</td><td>同组人：</td></tr>
<tr><td colspan="2">机车号</td><td colspan="3"></td></tr>
<tr><td colspan="2">检查对象</td><td colspan="3"></td></tr>
<tr><td>检查对象/
编号</td><td>检查内容/
检查方法</td><td>检查内容</td><td colspan="2">状态记录</td></tr>
<tr><td rowspan="4">基础制动
装置/
(　　)</td><td>制动盘/
(　　)</td><td>安装螺栓无松动，制动盘无偏磨情况，未磨耗到限，无贯穿裂纹</td><td colspan="2">□ 状态良好
□ 有偏磨现象
□ 磨耗到限
□ 有贯穿裂纹</td></tr>
<tr><td>制动缸及
夹钳/
(　　)</td><td>单元制动缸及制动夹钳的螺栓、螺母及衬套等零件不得松动、丢失和损坏</td><td colspan="2">□ 状态良好
□ 安装螺母、螺栓有松动</td></tr>
<tr><td>闸片/
(　　)</td><td>闸片安装牢固，无裂纹、破损，磨耗状态良好，磨耗未到限</td><td colspan="2">□ 状态良好
□ 闸片安装有松动
□ 闸片磨耗到限
□ 闸片有裂纹</td></tr>
<tr><td>闸片间隙/
(　　)</td><td>车轮两侧闸片与制动盘的间隙之和在 2～4 mm 范围内，缓解状态下，闸片对制动盘无压力</td><td colspan="2">□ 状态良好
□ 闸片间隙过大
□ 闸片间隙过小</td></tr>
<tr><td colspan="5">故障记录：</td></tr>
<tr><td colspan="4">检查时间：　年　月　日　时　分</td><td>检查人签字：</td></tr>
<tr><td colspan="3">记录人签字：</td><td colspan="2">班组长签字：</td></tr>
<tr><td>填表要求</td><td colspan="4">(1)检查对象编号按老师分配的具体任务编号填写，不能照抄照搬。
(2)检查内容的检查方法在对应(　　)中注明目视或手检。
(3)状态纪录按检查实际情况，在□内打“√”。
(4)故障记录栏填写发现的问题，填写规范、问题描述清晰，字迹书写清晰。
(5)签字项需填写全名，不得代签、涂改。</td></tr>
</table>

五、监督与考核

基础制动装置日常检查监督考核表

记录人：				
序号	安全监督内容	记录	分值	得分
1	劳动保护及安全文明	□ 执行安全操作规程，佩戴安全帽、手套 □ 爱护设备及工具 □ 着装整洁；保持工作环境清洁	共 15 分 每缺少一项安全防护扣 5 分	
2	操作前将所需工具准备齐全	□ 工具齐全 □ 缺少工具(　　) □ 错选工具	共 10 分 每少一件工具扣 3 分 规格选错每件扣 3 分	
3	能按照检查标准要求规范进行检查	□ 能根据编号准确找到基础制动装置在转向架的布置位置 □ 按检查标准和要求对制动盘进行检查 □ 按检查标准和要求对制动缸和夹钳进行检查 □ 按检查要求对闸片进行检查 □ 按检查要求对闸片间隙进行检查	共 25 分 每完成一项得 5 分 检查位置不正确、检查不标准不得分	
总　计				

任务评价

基础制动装置日常检查评价表

班级：	姓名：	学号：	同组人：
评价项目	评价内容	得分	评价主体
理论知识准备	(1)能区分无弹簧停放装置和有弹簧停放装置的基础制动装置，正确说出各组成部件名称(10 分)		□ 师评 □ 自评 □ 互评
	(2)能描述基础制动装置的作用(10 分)		
实操检查过程	(1)检查表填写完整、清晰、工整(5 分)		□ 师评 □ 自评 □ 互评
	(2)检查过程有序(5 分)		
	(3)能够安全规范进行检查(50 分)		□ 师评 □ 自评 □ 互评
课堂表现	(1)知识引导部分填写完整(10 分)		□ 师评 □ 自评 □ 互评
	(2)小组贡献度(10 分)		
总　分			

巩固练习

一、填空题

1. HXD3C 型电力机车基础制动装置采用________制动。

2. HXD3C 型电力机车 1 和 6 轴上安装________________单元制动器。

3. 检查制动盘时，不允许________任何部位。

二、选择题

1. HXD3C 型电力机车基础制动装置采用(　　)。

A. 闸瓦制动　　B. 轮盘式制动　　C. 轴盘式制动

2. HXD3C 型电力机车(　　)车轮上安装带停放功能的单元制动器。

A. 1 和 6 轴　　B. 2 和 5 轴　　C. 3 和 4 轴

三、判断题

1. 制动盘每侧磨耗超过 5 mm 必须更换。(　　)

2. 检查制动盘时，只允许敲打非摩擦面部位。(　　)

四、简答题

1. 简述基础制动装置的作用。

2. 简述盘形制动基础制动装置的组成。

3. 简述基础制动装置在 HXD3C 型电力机车转向架上是如何布置的。

4. 总结 HXD3C 型电力机车基础制动装置的日常检查要点。

任务十　撒砂装置日常检查

任务描述

在机车重车起动、紧急制动或雨雪天气运行时，车轮在钢轨上会产生空转或滑行现象，如果提前向车轮前方的轨面适量撒砂可以增加车轮与钢轨之间的黏着系数，从而增加机车的黏着力，以提高机车的牵引力或制动力。

按照 HXD3C 型电力机车日常检查作业要求，要进行 HXD3C 机车日常检查，本任务日常检查的对象是撒砂装置。

任务目标

1. 能够分析撒砂的作用，认识撒砂装置各组成部件，能够对撒砂装置进行编号。

2. 能够按 HXD3C 型电力机车撒砂装置日常检查作业要求和标准对撒砂装置进行检查。

3. 培养良好的职业习惯和团队协作精神。

4. 树立职业意识，培养安全意识、责任意识。

任务信息

一、撒砂装置的作用

撒砂装置是用来在机车重车起动、紧急制动或雨雪天气时向车轮踏面前方轨面撒砂。撒砂的目的是增加车轮与钢轨之间的黏着系数，从而增加机车的黏着力，以提高机车的牵引力或制动力。

HXD3C 型电力机车上撒砂装置是一种在一定压力范围下工作的气动传送装置。

二、撒砂装置的组成

撒砂装置由砂箱、砂箱盖、撒砂器、撒砂管和撒砂管加热器等组成，如图 3-45、图 3-46 所示。

HXD3C 型电力机车上有 8 套撒砂装置，在转向架构架的四个角上面有四个砂箱，每个容积为 100 L，撒砂量可在 0.5～1 L/min 范围内调节，撒砂动作与司机脚踏开关、紧急制动、防空转、防滑行等功能配合使用，撒砂方向与机车实际运行方向一致。HXD3C 型电力机车撒砂装置具有砂子加热功能，加热装置在砂箱底。

HXD3C 型电力机车采用压差式撒砂结构，工作原理如图 3-47 所示。

砂箱盖采用密封防水型，撒砂装置采用电加热烘干系统，防止砂箱内的砂子受潮板结。砂管加热器可以保证在寒冷风雪天气时撒砂顺畅，加热电压 AC 220 V，功率 100 W，建议撒砂量在 0.3～0.7 L/min。

(a)砂箱　　　　(b)撒砂管

图 3-45　撒砂装置

砂箱盖是保证砂箱密封密闭的装置，砂箱盖上的填料口、手柄(用来开关盖)、扭簧、片簧和压缩弹簧等共同配合来保证砂箱密封防水。它可以保证砂箱内可以达到 10 kPa 的正压。

撒砂器是保证符合规定的砂子能够在压缩空气的作用下顺利流出的装置。撒砂器主要部件包括热传递机壳、管、砂室、排出软管、排出筒、排出室、加热板、筒形加热器。

撒砂管加热器是机车撒砂装置的一部分，当温度在冰点以下时，撒砂管加热器能够防止稍高于钢轨的撒砂管结冰，以免阻塞管路使撒砂器失效。

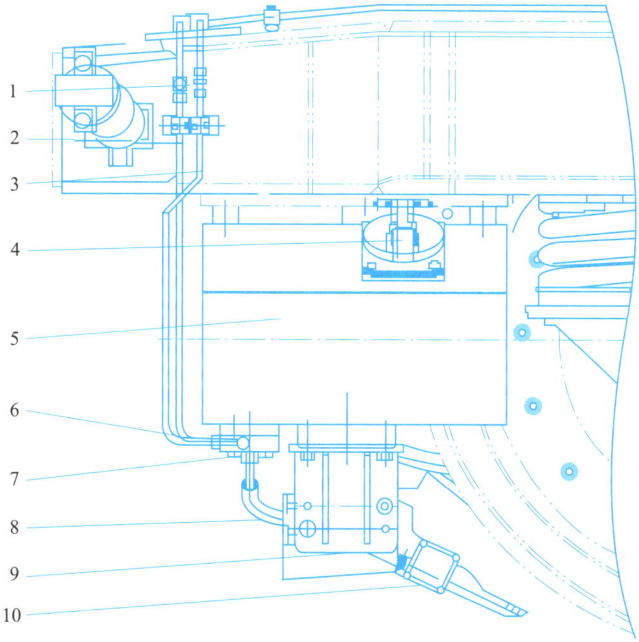

图 3-46　撒砂装置组成

1—撒砂节流阀；2—撒砂风管；3—撒砂加热风管；4—弹性防水密封盖；5—砂箱体；6—撒砂阀；7—连接螺母；8—出砂管；9—出砂管支架；10—砂管加热器

和谐型电力机车在Ⅰ端进行撒砂试验，机车向前运行时，位于 1 轴和 4 轴前的撒砂装置进行撒砂，向后运行时，位于 3 轴、6 轴前的撒砂装置进行撒砂。

思考：看图 3-47，试分析压差式撒砂工作原理。

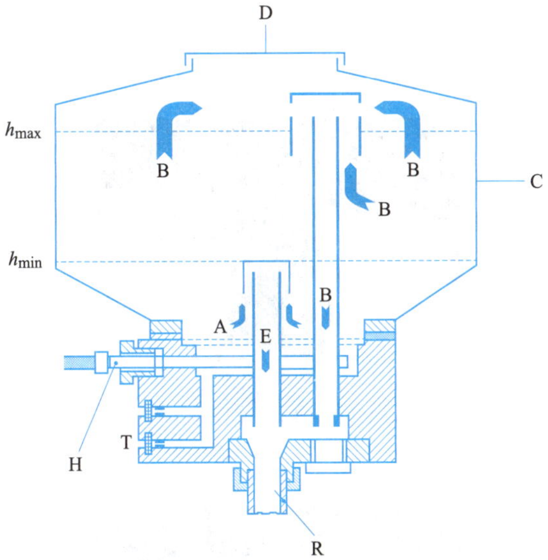

图 3-47　压差式撒砂装置工作原理图

A—吹砂气流；B—排砂气流；C—砂箱；D—砂箱盖；E—砂流；

h_{max}—最大装砂量；h_{min}—最小装砂量；T—提供用于干燥的空气端口；R—撒砂出口

三、撒砂装置日常检查内容

HXD3C 型电力机车撒砂装置日常检查内容如下。

(1)检查砂箱各螺栓、砂箱盖、砂箱安装座。砂箱无破损、变形，各螺栓紧固牢固，安装座牢固、无裂纹，砂箱盖密封严密、无裂损；砂子无杂质，砂量为砂箱总容积的 2/3～3/4。

(2)检查撒砂阀、砂管。撒砂阀完好，安装螺栓无松动，砂管无松动、裂损，砂管防风罩无破损，撒砂管支架无裂纹、变形；砂管距轨面高度为 30～55 mm。

(3)外观检查撒砂阀风管及加热装置。砂阀风管无断损、泄漏，加热装置接线无松动、破损。

四、撒砂装置日常检查作业指导书

HXD3C 型电力机车撒砂装置日常检查作业指导书

序号	检查项目	检查方法	图示说明	作业内容及标准
1	砂箱	目视		砂箱无破损、变形，各螺栓紧固牢固，安装座牢固、无裂纹，砂箱盖密封严密、无裂损

续上表

序号	检查项目	检查方法	图示说明	作业内容及标准
2	砂量、砂质	目视	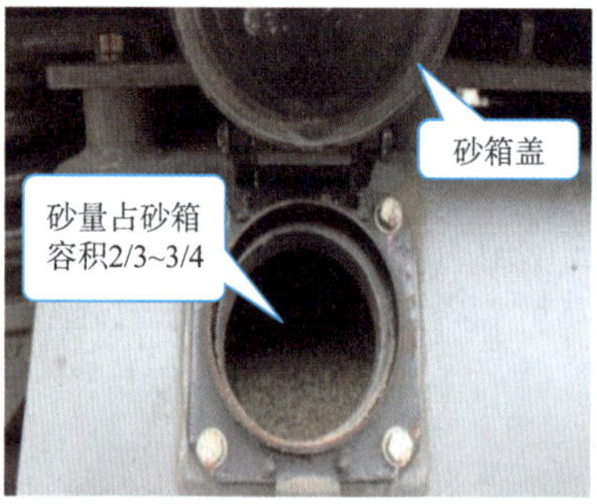	砂子无杂质，砂量为砂箱总容积的2/3～3/4
3	撒砂阀、撒砂管	目视	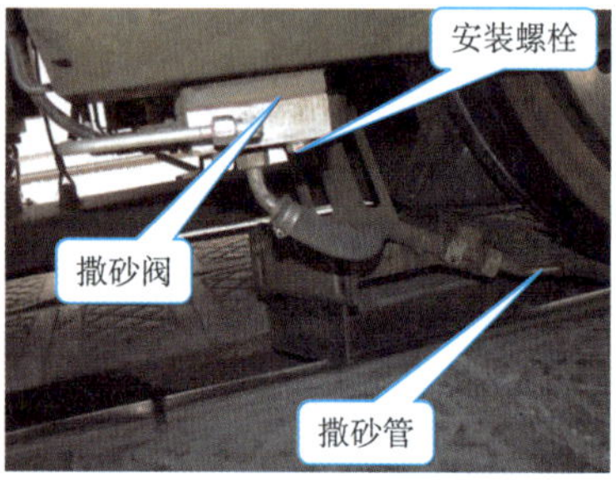	撒砂阀完好，安装螺栓无松动，撒砂管无松动、裂损，砂管防风罩无破损，撒砂管支架无裂纹、变形

知识引导

撒砂装置日常检查知识学习引导

日期		班级	
姓名		学号	

(1)看题图 3-15 观察 HXD_{3C} 型电力机车转向架，在图中标出你能看到的撒砂装置。

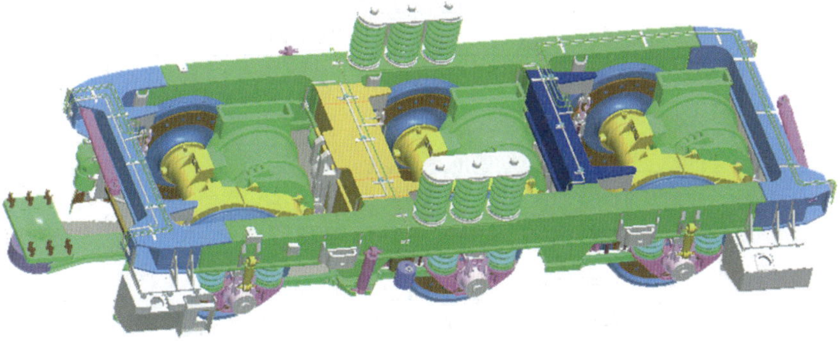

题图　3-15

(2)说一说机车上为什么要设置撒砂装置，机车一般什么情况下需要撒砂？

(3)撒砂装置由哪几部分组成？

(4)阐述 HXD_{3C} 型电力机车撒砂过程。

(5)撒砂装置日常检查主要内容是什么？

任务实施

一、安全防护准备

防护工具	检查内容
安全帽	有□,无□
手套	有□,无□
渡板检查	已检查,完好□

二、工具准备

工具明细表			
序号	名称	数量	是否完好
1	手电筒		
2	棉丝		
3	检查锤/小撬棍		

三、小组分工

序号	成员姓名	职责
1		检查
2		记录
3		班组长:安全监督,录像

四、检查记录单

撒砂装置日常检查记录单

<table>
<tr><td>班级：</td><td colspan="2">姓名：</td><td>学号：</td><td>同组人：</td></tr>
<tr><td colspan="2">机车号</td><td colspan="3"></td></tr>
<tr><td colspan="2">检查对象</td><td colspan="3"></td></tr>
<tr><td>检查对象/编号</td><td>检查内容/检查方法</td><td>检查内容</td><td colspan="2">状态记录</td></tr>
<tr><td rowspan="3">撒砂装置/
(　　)</td><td>砂箱/
(　　)</td><td>砂箱无破损、变形，各螺栓紧固牢固，安装座牢固、无裂纹，砂箱盖密封严密、无裂损</td><td colspan="2">□ 状态良好
□ 砂箱变形破损
□ 安装螺栓松动
□ 砂箱盖密封不严</td></tr>
<tr><td>砂量砂质/
(　　)</td><td>砂子无杂质，砂量为砂箱总容积的2/3～3/4</td><td colspan="2">□ 状态良好
□ 砂子有杂质
□ 砂量不足</td></tr>
<tr><td>撒砂阀、撒砂管/
(　　)</td><td>撒砂阀完好，安装螺栓无松动，撒砂管无松动、裂损，砂管防风罩无破损，撒砂管支架无裂纹、变形</td><td colspan="2">□ 状态良好
□ 撒砂阀安装螺栓有松动
□ 砂管防风罩破损
□ 撒砂管支架变形</td></tr>
<tr><td colspan="5">故障记录：</td></tr>
<tr><td colspan="4">检查时间：　年　月　日　时　分</td><td>检查人签字：</td></tr>
<tr><td colspan="3">记录人签字：</td><td colspan="2">班组长签字：</td></tr>
<tr><td>填表要求</td><td colspan="4">(1)检查对象编号按老师分配的具体任务编号填写，不能照抄照搬。
(2)检查内容的检查方法在对应(　　)中注明目视或手检。
(3)状态纪录按检查实际情况，在□内打“√”。
(4)故障记录栏填写发现的问题，填写规范、问题描述清晰，字迹书写清晰。
(5)签字项需填写全名，不得代签、涂改。</td></tr>
</table>

五、监督与考核

撒砂装置日常检查监督考核表

班级：		姓名：	学号：	同组人：
记录人：				
序号	安全监督内容	记　　录	分　　值	得　　分
1	劳动保护及安全文明	□ 执行安全操作规程，佩戴安全帽、手套 □ 爱护设备及工具 □ 着装整洁；保持工作环境清洁	共 15 分 每缺少一项安全防护扣 5 分	
2	操作前将所需工具准备齐全	□ 工具齐全 □ 缺少工具(　　　) □ 错选工具	共 10 分 每少一件工具扣 3 分 规格选错每件扣 3 分	
3	能按照检查标准要求规范进行检查	□ 能根据编号准确找到撒砂装置在转向架的布置位置 □ 按检查标准和要求对砂箱进行检查 □ 按检查标准和要求对砂量和砂子质量进行检查 □ 按检查要求对撒砂管和支座进行检查	共 20 分 每完成一项得 5 分 检查位置不正确、检查不标准不得分	
总　　计				

任务评价

撒砂装置日常检查评价表

班级：	姓名：	学号：	同组人：
评价项目	评价内容	得分	评价主体
理论知识准备	(1)能正确说出撒砂装置各组成部件名称(15 分)		□ 师评 □ 自评 □ 互评
	(2)能描述撒砂装置的作用(10 分)		
实操检查过程	(1)检查表填写完整、清晰、工整(5 分)		□ 师评 □ 自评 □ 互评
	(2)检查过程有序(5 分)		
	(3)能够安全规范进行检查(45 分)		□ 师评 □ 自评 □ 互评
课堂表现	(1)知识引导部分填写完整(10 分)		□ 师评 □ 自评 □ 互评
	(2)小组贡献度(10 分)		
总　　分			

巩固练习

一、填空题

1. 撒砂装置是用来在机车起动或制动时，向车轮踏面前方________撒砂的。撒砂的目的是增加车轮与钢轨之间的____________，从而增加机车的黏着力，以提高机车的____________或制动力。

2. HXD3C 型电力机车的撒砂装置通过采用________________系统，防止砂箱内的砂子受潮________。

3. HXD3C 型电力机车撒砂装置的撒砂管________可以保证在寒冷风雪天气时撒砂顺畅。

4. HXD3C 型电力机车撒砂装置的砂箱盖是保证________密封密闭的装置。

二、选择题

1. HXD3C 型电力机车的撒砂装置安装有(　　)，用于防止砂箱内的砂子受潮板结。

A. 撒砂管加热器　　B. 电加热烘干系统

C. 撒砂管加热器和电加热烘干系统

2. 撒砂装置的撒砂胶管要求无老化、变形，距轨面高度为(　　)。

A. 20～40 mm　　B. 25～30 mm　　C. 30～50 mm

3. HXD3C 型电力机车在Ⅰ端进行撒砂试验，机车向前运行时，位于(　　)轴前的撒砂装置进行撒砂。

A. 1、4　　B. 3、6　　C. 1、3、4、6

4. HXD3C 型机车在Ⅰ端进行撒砂试验，机车向后运行时，位于(　　)轴前的撒砂装置进行撒砂。

A. 1、4　　B. 3、6　　C. 1、3、4、6

三、判断题

1. HXD3C 型电力机车撒砂装置具有干砂功能。(　　)

2. HXD3C 型电力机车撒砂装置砂箱内砂量要求为总容积的 4/5 以上。(　　)

3. 撒砂装置的撒砂胶管距踏面要求为 25～50 mm。(　　)

四、简答题

1. 简述撒砂装置的作用。

2. 简述 HXD3C 型电力机车撒砂装置的功能特点。

3. 总结 HXD3C 型电力机车撒砂装置的日常检查要点。

任务十一　轮缘润滑装置日常检查

任务描述

机车上安装轮缘润滑装置，可以减少机车过弯道时轮缘和钢轨磨耗，降低机车在曲线运行时的轮轨噪声，提高乘坐舒适性。按照 HXD3C 型电力机车日常检查作业要求，要进行 HXD3C 型电力机车日常检查，本任务日常检查的对象是轮缘润滑装置。

任务目标

1. 能够分析轮缘润滑的作用，认识轮缘润滑装置各组成部件，能够对轮缘润滑装置进行编号。

2. 能够按 HXD3C 型电力机车轮缘润滑装置日常检查作业要求和标准对轮缘润滑装置进行检查。

3. 培养良好的职业习惯和团队协作精神。

4. 树立职业意识，培养安全意识、责任意识。

任务信息

一、轮缘润滑装置的作用

轮缘润滑装置的作用是通过润滑轮缘内侧面，来降低当列车进入曲线时的负荷并减少轮缘和轨道之间的磨损。

二、轮缘润滑装置的组成

HXD3C 型电力机车采用 HB-2 型喷脂式轮缘润滑装置。该装置安装在机车 1 轴、6 轴左右两侧，全车共装设 4 个。

HB-2 型轮缘润滑装置由电控器（位于机械间轮缘润滑和风笛控制装置气路板上）、油脂罐、喷嘴（喷头）、支架、风管系统等组成，如图 3-48 所示。

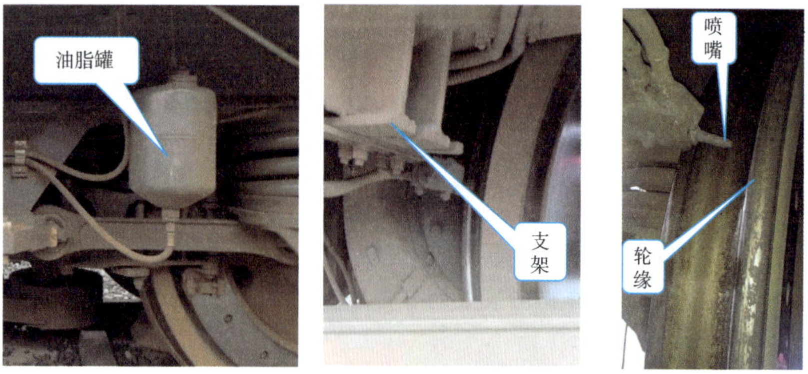

图 3-48　油脂罐、支架、喷嘴

HB-2 型轮缘润滑装置通过采集机车电机的速度信号来实现定距喷脂的控制模式，并具有弯道加量功能。喷脂的定距在 200～900 m 范围内可调，喷脂时间为 1.7～2.3 s。

三、轮缘润滑装置日常检查主要内容

HXD3C 型电力机车轮缘润滑装置日常检查分为油脂罐检查和喷嘴外观及功能检查。

1. 油脂罐检查

(1)无污垢，管路接头密封良好，无泄漏。

(2)脂罐架、安装支架牢固无松动，油脂罐罐体和支架无裂纹、破损。

(3) 润滑脂量应在油脂罐容量的 2/3～4/5 之间。

2. 喷嘴外观及功能检查

(1)管路接头密封良好，无泄漏。

(2)喷嘴及安装支架安装牢固无松动，支架无裂纹、破损。

(3)喷头安装位置正确，能正常喷脂，如图 3-49所示。

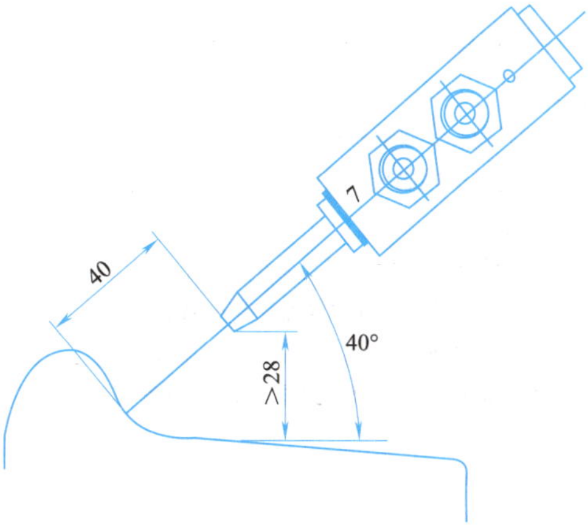

图 3-49　喷嘴安装位置(单位:mm)

四、轮缘润滑装置日常检查作业指导书

HXD3C 型电力机车轮缘润滑装置日常检查作业指导书

序号	检查项目	检查方法	图示说明	作业内容及标准
1	油脂罐	目视	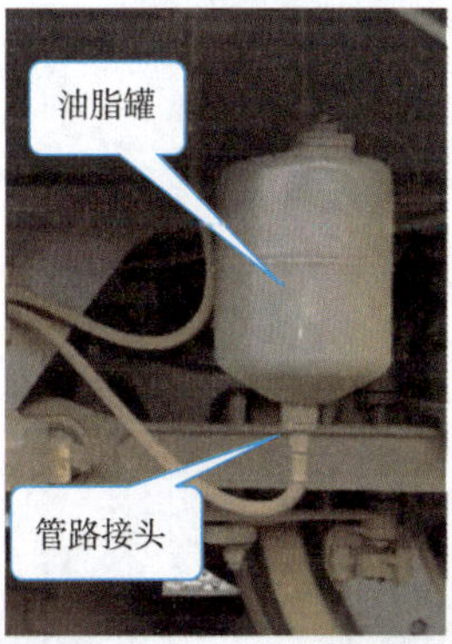	管路接头密封良好，无泄漏；安装支架牢固无松动，油脂罐罐体和支架无裂纹、破损；润滑脂量应在油脂罐容量的2/3～4/5 之间
2	喷嘴	目视	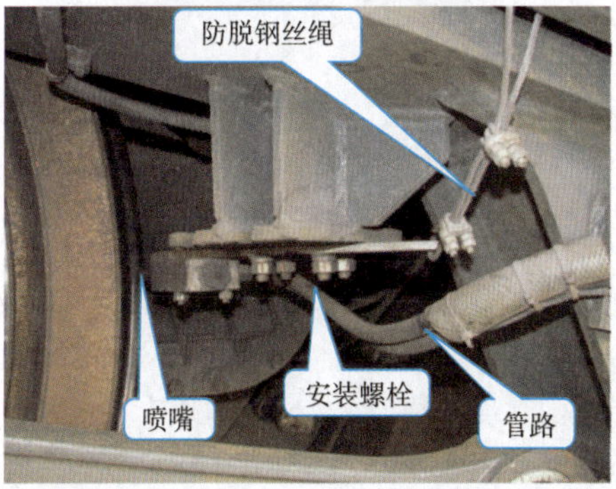	管路接头密封良好，无泄漏；喷嘴及安装支架安装牢固无松动，支架无裂纹、破损。喷头安装位置正确，能正常喷脂

知识引导

轮缘润滑装置日常检查知识学习引导

日期		班级	
姓名		学号	

(1)轮缘润滑装置通过润滑轮缘________,来降低当列车进入________时的负荷并减少轮缘和轨道之间的________。

(2)HXD_{3C} 型电力机车采用______________式轮缘润滑装置,该装置通过采集机车电机的速度信号来实现________的控制模式,并具有弯道________功能。喷脂的定距在______________ m 范围内可调,喷脂时间为________ s。

(3)HXD_{3C} 型电力机车轮缘润滑装置安装在__________________,全车共装设________个。

(4)油脂罐中润滑脂量应在容量的__________________之间。

(5)HB-2 型轮缘润滑装置由电控器、____________、____________、支架、风管系统等组成。

(6)简述 HXD_{3C} 型电力机车轮缘润滑装置检查要点。

任务实施

一、安全防护准备

防护工具	检查内容
安全帽	有□，无□
手套	有□，无□
渡板检查	已检查，完好□

二、工具准备

工具明细表			
序号	名称	数量	是否完好
1	手电筒		
2	棉丝		
3	检查锤/小撬棍		

三、小组分工

序号	成员姓名	职责
1		检查
2		记录
3		班组长：安全监督，录像

四、检查记录单

轮缘润滑装置日常检查记录单

班级：	姓名：	学号：	同组人：
机车号			
检查对象			
检查对象/编号	检查内容/检查方法	检查内容	状态记录
撒砂装置/( )	油脂罐/( )	管路接头密封良好，无泄漏；安装支架牢固无松动，油脂罐罐体和支架无裂纹、破损；润滑脂量应在油脂罐容量的2/3～4/5之间	□状态良好 □管路密封不好 □安装支架螺栓松动 □安装支架有裂纹破损 □油脂量不足
	喷嘴/( )	管路接头密封良好，无泄漏；喷嘴及安装支架安装牢固无松动，支架无裂纹、破损。喷头安装位置正确，能正常喷脂	□状态良好 □管路有泄漏 □喷嘴安装松动 □支架有裂纹破损 □喷嘴位置不正确
故障记录：			
检查时间：　年　月　日　时　分			检查人签字：
记录人签字：		班组长签字：	
填表要求	(1)检查对象编号按老师分配的具体任务编号填写，不能照抄照搬。 (2)检查内容的检查方法在对应(　　)中注明目视或手检。 (3)状态纪录按检查实际情况，在□内打“√”。 (4)故障记录栏填写发现的问题，填写规范、问题描述清晰，字迹书写清晰。 (5)签字项需填写全名，不得代签、涂改。		

五、监督与考核

轮缘润滑装置日常检查监督考核表

班级：		姓名：	学号：	同组人：
记录人：				
序号	安全监督内容	记录	分值	得分
1	劳动保护及安全文明	□ 执行安全操作规程，佩戴安全帽、手套 □ 爱护设备及工具 □ 着装整洁；保持工作环境清洁	共 15 分 每缺少一项安全防护扣 5 分	
2	操作前将所需工具准备齐全	□ 工具齐全 □ 缺少工具(　　　) □ 错选工具	共 10 分 每少一件工具扣 3 分 规格选错每件扣 3 分	
3	能按照检查标准要求规范进行检查	□ 能根据编号准确找到轮缘润滑装置在转向架的布置位置 □ 按检查标准和要求对油脂罐进行检查 □ 按检查标准和要求对喷嘴进行检查	共 25 分 每完成一项得 8 分 检查位置不正确、检查不标准不得分	
总　计				

任务评价

轮缘润滑装置日常检查评价表

班级：	姓名：	学号：	同组人：
评价项目	评价内容	得分	评价主体
理论知识准备	(1)能正确说出轮缘润滑装置各组成部件名称(15 分)		□ 师评 □ 自评 □ 互评
	(2)能描述轮缘润滑装置的作用(10 分)		
实操检查过程	(1)检查表填写完整、清晰、工整(5 分)		□ 师评 □ 自评 □ 互评
	(2)检查过程有序(5 分)		
	(3)能够安全规范进行检查(45 分)		□ 师评 □ 自评 □ 互评
课堂表现	(1)知识引导部分填写完整(10 分)		□ 师评 □ 自评 □ 互评
	(2)小组贡献度(10 分)		
总　分			

巩固练习

一、填空题

1. 轮缘润滑装置的作用是通过润滑________内侧面，来降低当列车进入曲线时的负荷并减少________和轨道之间的磨损。

2. HXD_{3C} 型电力机车采用____________轮缘润滑装置，全车共装设________个。

3. HB-2 型轮缘润滑装置，通过采集机车电机的____________来实现定距喷脂的控制模式，并具有弯道________功能。喷脂的定距在________ m 范围内可调。

二、选择题

1. 轮缘润滑装置安装在机车(　　)左右两侧。

A. 1 轴、6 轴　　B. 2 轴、5 轴　　C. 3 轴、4 轴

2. HXD_{3C} 型电力机车共有(　　)个轮缘润滑装置。

A. 4　　B. 8　　C. 12

三、判断题

1. HB-2 型轮缘润滑装置采用干式润滑方式。(　　)

2. HB-2 型轮缘润滑装置日常检查时，油脂罐要求无污垢，管路接头密封良好，无泄漏。(　　)

3. HB-2 型轮缘润滑装置日常检查时，喷头要求安装位置正确，能正常喷脂。(　　)

4. HB-2 型轮缘润滑装置的润滑脂量应在油脂罐容量的 1/4～2/3 之间。(　　)

四、简答题

1. 简述轮缘润滑装置的作用。

2. 说明 HXD_{3C} 型电力机车采用哪种轮缘润滑装置，概括其功能特点。

3. 总结 HB-2 型轮缘润滑装置的日常检查要点。

任务十二　扫石器和轴温报警装置日常检查

任务描述

HXD3C 型电力机车转向架除前面所介绍的部件之外，还有扫石器、轴温报警装置等。

按照 HXD3C 型电力机车日常检查作业要求，要进行 HXD3C 型电力机车日常检查，本任务日常检查的对象是扫石器和轴温报警装置。

任务目标

1. 能够分析扫石器的作用，明确扫石器的安装标准。
2. 能够分析轴温报警装置的作用，能准确找到轴温报警装置的位置。
3. 能够按 HXD3C 型电力机车扫石器和轴温报警装置日常检查作业要求和标准对扫石器和轴温报警装置进行检查。
4. 培养良好的职业习惯和团队协作精神。
5. 树立职业意识，培养安全意识、责任意识。

任务信息

一、扫石器

1. 扫石器的作用

扫石器位于机车 1、6 轴车轮的正前方，HXD3C 型电力机车采用悬挂式扫石器，在转向架构架前端梁下方安装了 2 个扫石器，作用是清扫钢轨上较小的障碍物，以避免车轮被障碍物垫起而导致机车脱轨甚至倾覆。

2. 扫石器的组成

HXD3C 型电力机车扫石器由上安装板、下安装板、安装支架和橡胶板等组成，如图 3-50 所示。

二、轴温报警装置

HXD3C 型电力机车采用的是 YZB-1 型机车熔断式轴温报警装置。

HXD3C 型电力机车在每个轮对上有 6 点设置轴温报警装置，分别安装在轮对左右轴箱、抱轴箱左右轴承、牵引电机传动端(齿端)轴承和牵引电机非传动端轴承的部位，如图 3-51、图 3-52、图 3-53 和图 3-54 所示。

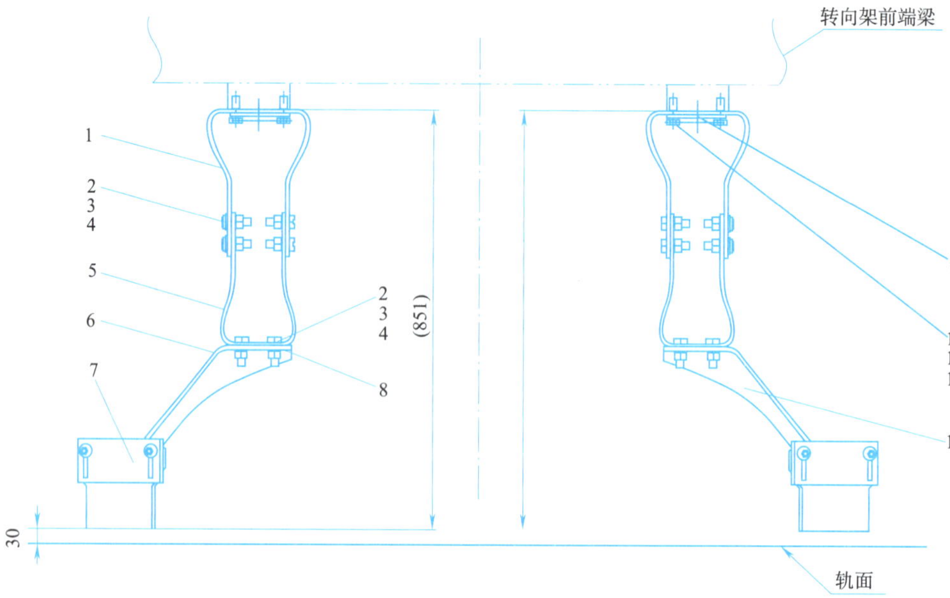

图 3-50　扫石器装配示意图(单位:mm)

1—上安装板;2—螺栓 M16×50;3—防松螺母;4—垫圈;5—下安装板;6—左支架焊接;7—橡胶板装配;8—垫片;9—垫板;10—螺栓 M16×40;11—垫圈;12—钢丝;13—右支架焊接

轴温报警装置用来检测轴箱轴承、牵引电机传动端和非传动端轴承、抱轴箱左右轴承位置的轴温是否超额定温度,如果轴温超过轴温报警装置的动作温度时,就会通过断开自身的电气通路来指示轴承故障。轴温报警装置动作温度 165 ℃,熔断响应时间小于 30 s。

为了便于车体和转向架的分离,转向架和车体间的电缆通过航空接插件 JK11430 前置处理器的方式进行连接,如图 3-55 所示。

图 3-51　轴箱轴温报警装置

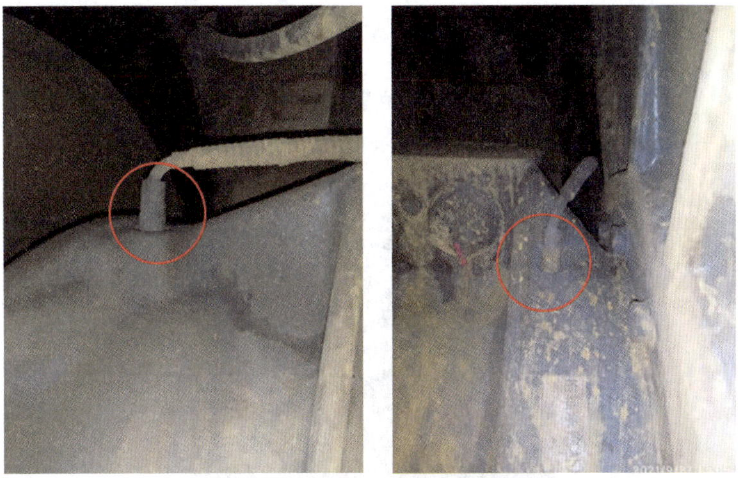

图 3-52　抱轴箱左右轴温报警装置

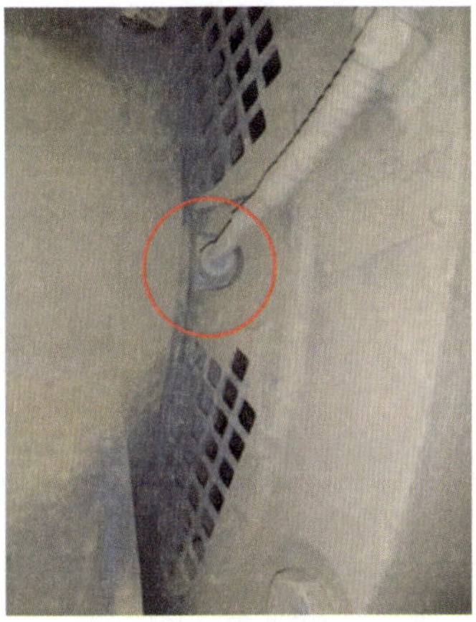

图 3-53　牵引电机传动端车轴报警装置

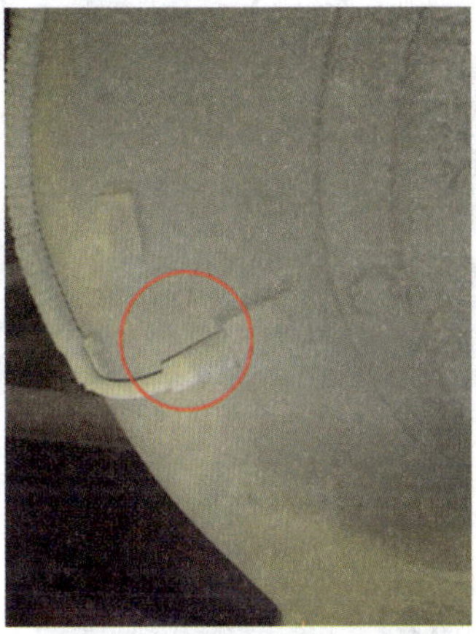

图 3-54　牵引电机非传动端轴温报警装置

图 3-55　前置处理器

三、扫石器和轴温报警装置日常检查主要内容

HXD3C 型电力机车扫石器和轴温报警装置日常检查内容如下。

1. 扫石器

(1)橡胶板无裂纹、老化、破损。

(2)支架无开焊、裂纹。

(3)紧固件无松脱,防缓线无错位。

2. 轴温报警装置

(1)轴温传感器安装牢固,接线无松动(轴温贴片变色不超标)。

(2)检查前置处理器盒、插头安装牢固,无接磨。

四、扫石器和轴温报警装置日常检查作业指导书

HXD3C 型电力机车扫石器和轴温报警装置日常检查作业指导书

序号	检查项目	检查方法	图示说明	作业内容及标准
1	扫石器外观	目视		支架无开焊、裂纹，安装螺栓牢固，无松脱；扫石器胶皮完好，无裂纹、老化、破损
2	扫石器安装位置	目视	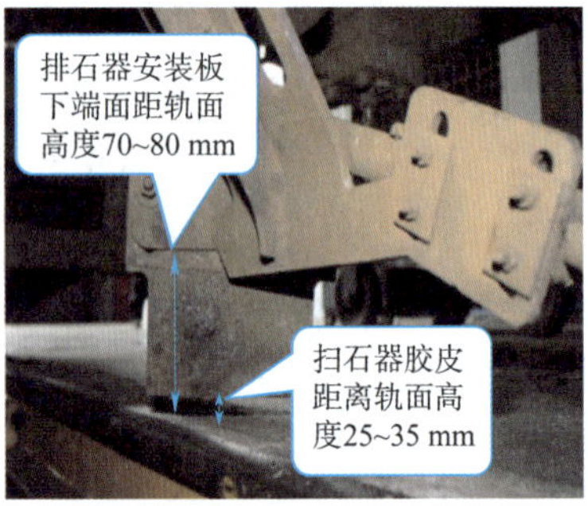	扫石器胶皮距离轨面高度 25～35 mm；排石器安装板下端面距轨面高度 70～80 mm
3	轴温报警装置	目视	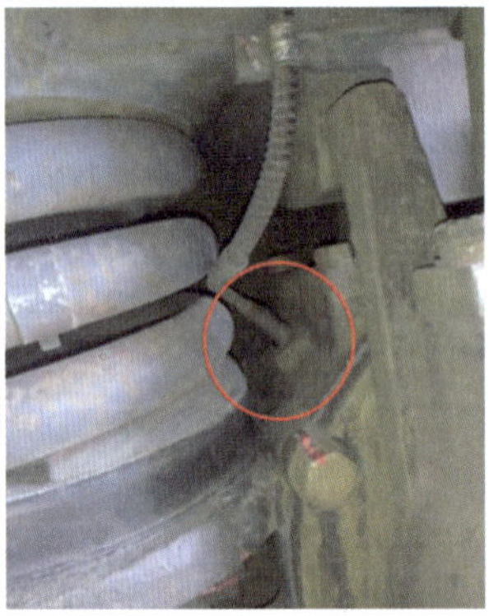	轴温传感器安装牢固，接线无松动
4	前置处理器	目视		前置处理器盒及插头安装牢固，无接磨

知识引导

扫石器和轴温报警装置日常检查知识学习引导

日期		班级	
姓名		学号	

(1)扫石器用来清扫______________上较小的障碍物，以避免钢轨被障碍物垫起而导致机车__________甚至倾覆。

(2)HXD3C 型电力机车上共有_______个扫石器，安装在转向架_________________。

(3)HXD3C 型电力机车上共有_______个轴温报警装置，安装在_________________、_________________、_________________和_________________等部位。

(4)安装扫石器时，要求距轨面高度为_______ mm。

(5)总结扫石器日常检查要点。

(6)总结轴温报警装置日常检查要点。

任务实施

一、安全防护准备

防护工具	检查内容
安全帽	有□,无□
手套	有□,无□
渡板检查	已检查,完好□

二、工具准备

工具明细表			
序号	名称	数量	是否完好
1	手电筒		
2	棉丝		
3	检查锤/小撬棍		

三、小组分工

序号	成员姓名	职责
1		检查
2		记录
3		班组长:安全监督,录像

四、检查记录单

扫石器和轴温报警装置日常检查记录单

<table>
<tr><td colspan="2">班级：</td><td>姓名：</td><td>学号：</td><td>同组人：</td></tr>
<tr><td colspan="2">机车号</td><td colspan="3"></td></tr>
<tr><td colspan="2">检查对象</td><td colspan="3"></td></tr>
<tr><td>检查对象/
编号</td><td>检查内容/
检查方法</td><td>检查内容</td><td colspan="2">状态记录</td></tr>
<tr><td rowspan="2">扫石器/
(　　)</td><td>外观/
(　　)</td><td>扫石器支架无开焊、裂纹，安装螺栓牢固，无松脱
扫石器胶皮完好，无裂纹、老化、破损</td><td colspan="2">□ 状态良好
□ 支架开焊，有裂纹
□ 支架安装螺栓松脱
□ 胶皮老化破损</td></tr>
<tr><td>安装位置/
(　　)</td><td>扫石器胶皮距离轨面高度 25～35 mm
扫石器安装板下端面距轨面高度 70～80 mm</td><td colspan="2">□ 安装位置正常
□ 胶皮安装位置不正确
□ 安装板位置不正确</td></tr>
<tr><td rowspan="2">轴温报警
装置/
(　　)</td><td>轴温报警装
置/(　　)</td><td>安装牢固，接线无松动</td><td colspan="2">□ 安装状态良好
□ 接线松脱</td></tr>
<tr><td>前置处理
器/(　　)</td><td>前置处理器盒安装牢固
轴温报警装置插头安装牢固，无接磨</td><td colspan="2">□ 安装状态良好
□ 前置处理器盒安装螺栓松
□ 轴温报警装置插头安装松动，有接磨现象</td></tr>
<tr><td colspan="5">故障记录：</td></tr>
<tr><td colspan="4">检查时间：　年　月　日　时　分</td><td>检查人签字：</td></tr>
<tr><td colspan="3">记录人签字：</td><td colspan="2">班组长签字：</td></tr>
<tr><td>填表要求</td><td colspan="4">(1)检查对象编号按老师分配的具体任务编号填写，不能照抄照搬。
(2)检查内容的检查方法在对应(　　)中注明目视或手检。
(3)状态纪录按检查实际情况，在□内打“√”。
(4)故障记录栏填写发现的问题，填写规范、问题描述清晰，字迹书写清晰。
(5)签字项需填写全名，不得代签、涂改。</td></tr>
</table>

五、监督与考核

扫石器和轴温报警装置日常检查监督考核表

班级：		姓名：	学号：	同组人：
记录人：				
序号	安全监督内容	记录	分值	得分
1	劳动保护及安全文明	□ 执行安全操作规程，佩戴安全帽、手套 □ 爱护设备及工具 □ 着装整洁；保持工作环境清洁	共10分 每缺少一项安全防护扣5分	
2	操作前将所需工具准备齐全	□ 工具齐全 □ 缺少工具(　　　) □ 错选工具	共10分 每少一件工具扣3分 规格选错每件扣3分	
3	能按照检查标准要求规范进行检查	□ 能根据编号准确找到扫石器在转向架上的布置位置 □ 能根据编号准确找到轴温报警装置在转向架上的布置位置 □ 按检查标准和要求对扫石器进行检查 □ 按检查标准和要求对轴温报警装置进行检查 □ 按要求认真填写检查记录单	共30分 每完成一项规定设备检查得15分 检查位置不正确、检查不标准不得分	
总　计				

任务评价

扫石器和轴温报警装置日常检查评价表

班级：	姓名：	学号：	同组人：
评价项目	评价内容	得分	评价主体
理论知识准备	(1)能说出扫石器的作用和安装标准(10分)		□ 师评 □ 自评 □ 互评
	(2)能说出轴温报警装置的作用(10分)		
实操检查过程	(1)检查表填写完整、清晰、工整(5分)		□ 师评 □ 自评 □ 互评
	(2)检查过程有序(5分)		
	(3)能够安全规范进行检查(50分)		□ 师评 □ 自评 □ 互评
课堂表现	(1)知识引导部分填写完整(10分)		□ 师评 □ 自评 □ 互评
	(2)小组贡献度(10分)		
总　分			

巩固练习

一、填空题

1. 扫石器的作用是清扫钢轨上较小的________，以避免________被障碍物垫起而导致机车________脱轨甚至倾覆。

2. HXD3C 型电力机车采用________式扫石器，在转向架构架________下方安装了________个扫石器。

3. HXD3C 型电力机车上轴温报警装置安装在________________、________________、________________和________________等部位。

二、选择题

1. 扫石器安装在机车(　　)的正前方。

A. 1、6 轴车轮　　B. 3、4 轴车轮　　C. 2、5 轴车轮

2. HXD3C 型电力机车每个轮对装有(　　)个轴温报警装置。

A. 4　　B. 5　　C. 6

3. 轴温报警装置动作温度是(　　)。

A. 145 ℃　　B. 160 ℃　　C. 165 ℃

三、判断题

1. 扫石器橡胶板外观检查，要求无裂纹、老化、破损。(　　)

2. 扫石器紧固件检查，要求无松脱，防缓线无错位。(　　)

3. 如果轴温报警装置检测到轴温超过 160 ℃，就会通过断开自身的电气通路来指示轴承故障。(　　)

四、简答题

1. 简述扫石器的作用。

2. 简述轴温报警装置的作用。

3. 简述 HXD3C 型电力机车扫石器的组成。

4. 说明轴温报警装置的布置位置，简述轴温报警装置工作原理。

5. 总结扫石器的日常检查要点。

6. 总结轴温报警装置的日常检查要点。

参考文献

[1]昆明铁路局. HXD_{3C} 型电力机车乘务员实用手册[M]. 北京：中国铁道出版社，2018.
[2]王化夷. 电力机车机械部分[M]. 北京：中国铁道出版社，1989.
[3]程怀汶. 电力机车总体及走行部[M]. 北京：中国铁道出版社，2003.
[4]崔晶. 电力机车总体及走行部[M]. 北京：中国铁道出版社，2017.
[5]《和谐型交流传动机车技术丛书》编委会. HXD_{3C} 型电力机车[M]. 北京：中国铁道出版社，2019.